__________학교 ____학년 ____반 __________의 책이에요.

전 세계가 인정한 우리의

세계유산

세계유산이란, '세계유산협약'에 따라 인류 전체를 위해 보호해야 할 가치가 있다고 인정되는 세계 여러 나라의 유산 가운데 유네스코에 등록된 유산을 말해요.

최근 전 세계적으로 자연재해나 전쟁 등으로 파괴될 위기에 처한 인류의 유산이 늘어나고 있어요. 이를 미리 방지하고 보호하고자 1978년부터 유네스코의 세계유산위원회에서는 보호해야 할 가치가 있는 유산들을 세계유산으로 지정하고 있답니다.

인류 전체를 위해 보편적인 가치가 있다고 인정하는 유산을 중심으로 지정하다 보니, 각 나라의 문화와 역사를 대표하는 유산인 경우가 많아요. 따라서 각 나라의 세계유산을 알아보는 일은 곧 그 나라의 고유한 문화를 알 수 있는 지름길이지요.

우리나라는 현재 석굴암과 불국사, 해인사 장경판전, 종묘, 창덕궁, 수원 화성, 경주역사유적지구, 고창 · 화순 · 강화 고인돌유적, 제주 화산섬과 용암동굴, 조선왕릉, 한국의 역사마을 : 하회와 양동, 남한산성, 백제역사유적지구와 산사 한국의 산지승원, 한국의 서원이 등재되어 있답니다. 그리고 세계기록유산으로는 훈민정음, 조선왕조실록, 직지심체요절, 승정원일기, 조선왕조의 의궤, 해인사 고려대장경판 및 제경판, 동의보감, 일성록, 5.18민주화운동 기록물, 난중일기, 새마을운동 기록물, 한국의 유교책판, KBS특별생방송 '이산가족을 찾습니다' 기록물, 조선왕실 어보와 어책, 국채보상운동 기록물, 조선통신사 기록물이 등재되었어요.

또한 인류무형문화유산으로는 종묘제례 및 종묘제례악, 판소리, 강릉단오제, 강강술래, 남사당놀이, 영산재, 제주칠머리당 영등굿, 처용무, 가곡, 대목장, 매사냥, 줄타기, 택견, 한산모시짜기, 아리랑, 김장문화, 농악, 줄다리기, 제주해녀문화가 있답니다.

이 책에서는 우리나라의 세계유산 중 하나인 '경주역사유적지구'에 대해 알아볼 거예요.

세계문화유산

종묘

수원화성

창덕궁

고창 · 화순 · 강화의 고인돌유적

석굴암과 불국사

해인사 장경판전

경주역사유적지구

백제역사유적지구

세계기록유산

조선왕조실록

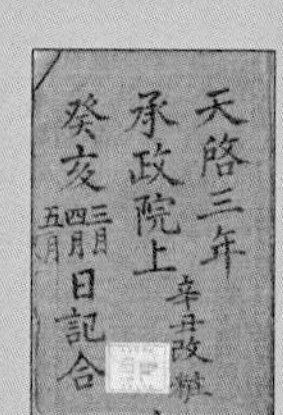

승정원일기

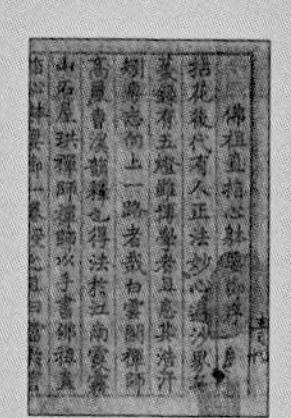
직지심체요절

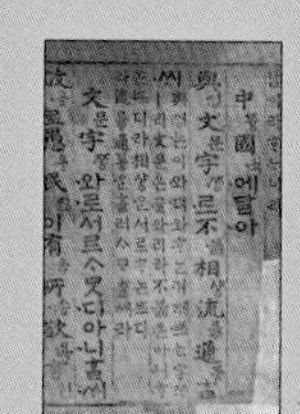
훈민정음

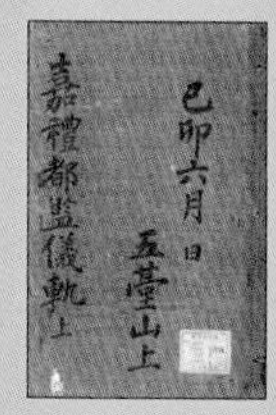

조선왕조 의궤

해인사 고려대장경판과 제경판

동의보감

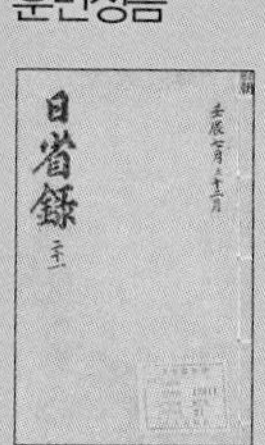

일성록

세계무형유산

종묘제례와 제례악

판소리

강릉단오제

세계자연유산

제주 화산섬과 용암동굴

신나는 교과 체험학습 ⑱

신라, 천 년의 왕국을 찾아서 경주역사유적지구

초판 1쇄 발행 | 2007. 7. 16.
개정 3판 11쇄 발행 | 2023. 11. 10.

글 이은석 | **그림** 전기윤 조민정

발행처 김영사 | **발행인** 고세규
등록번호 제 406-2003-036호 | **등록일자** 1979. 5. 17.
주소 경기도 파주시 문발로 197(우10881)
전화 마케팅부 031-955-3100 | 편집부 031-955-3113~20 | 팩스 031-955-3111
사진 이은석 오세윤 문명대 김원미 국립경주박물관 신라역사과학관

값은 표지에 있습니다.
ISBN 978-89-349-8512-9 64000
ISBN 978-89-349-8306-4 (세트)

좋은 독자가 좋은 책을 만듭니다. 김영사는 독자 여러분의 의견에 항상 귀 기울이고 있습니다.
전자우편 book@gimmyoung.com | 홈페이지 www.gimmyoungjr.com

신라, 천 년의 왕국을 찾아서

경주역사 유적지구

글 이은석 그림 전기윤 조민정

주니어김영사

차례

경주역사유적지구에 가기 전에

미리 준비하세요

준비물 사진기, 필기도구, 《경주역사유적지구》 책, 간단한 경주지도

옷차림 경주역사유적지구에 견학을 간다면, 1박2일이나 2박3일 일정의 여행을 한다고 생각하고 준비물을 챙겨야 해. 주로 야외 유적지를 돌아 보게 되니, 계절에 맞는 차림을 하는 게 좋지. 아참, 남산을 답사할 계획이라면 가벼운 점퍼와 마실 물, 간식을 꼭 준비하도록 하렴.

미리 알아 두세요

관람일 경주의 유적지는 하루도 쉬는 날이 없어.

관람 시간 보통은 오전 9시부터 오후 6시까지이지만, 유적지마다 관람시간은 조금씩 달라. 최근에는 아름다운 조명을 밝혀 놓아, 늦은 밤까지 관람할 수 있는 유적지가 늘어나고 있단다.

관람료 각 유적마다 조금씩 달라. 보통은 300원 ~ 4,000원이야.

문의 경주시 문화관광(gyeongju.go.kr/tour/index.do) (054)779-8585
남산연구소(www.kjnamsan.org) (054)777-7142
신라문화원(www.silla.or.kr) (054)777-1950
등에서 많은 답사 자료를 구할 수 있으니 참고하렴.

기타 경주역사유적지구를 제대로 돌아보려면 먼저 답사 코스를 잘 정해야 해. 경주 시내 유적지를 관람하려면 자전거를 빌려서 타고 다녀도 좋아. 자전거는 고속버스터미널과 경주역, 대릉원 입구에서 빌릴 수 있단다. 밤에 유적지 안내를 받을 수 있는 남산달빛기행(남산연구소)이나 달빛신라역사기행(신라문화원) 프로그램도 마련되어 있으니, 인터넷에서 확인하렴.

신라 천 년의 도읍지, 경주

경주는 신라의 역사를 고스란히 간직한 천 년의 도읍지야. 고구려와 백제는 잦은 전쟁과 영토 확장으로 수도를 두 번씩이나 옮겼지만, 신라는 단 한 번도 경주를 떠나지 않았지. 무려 천 년 동안이나 말이야. 이처럼 오랫동안 수도였던 곳은 세계적으로 그리 많지 않아. 그리스의 아테네, 이탈리아의 로마, 터키의 이스탄불 등 손에 꼽힐 정도야. 이것을 증명이라도 하듯 경주는 많은 문화유산이 집중적으로 모여 있는 유적지로 높이 평가 받아 세계문화유산으로 지정받았어. 아직도 경주 전 지역의 평균 1미터 아래 땅속에는 고대의 유적이 그대로 남아 있을 정도란다.

이제 이 아저씨를 따라 고대의 도읍지인 경주로 답사를 갈 거야. 도심 속에 봉긋 솟은 무덤들과 동양 최대의 사찰인 황룡사 터, 수많은 불상이 가득한 남산과 하늘을 관측하는 첨성대 등을 둘러보다 보면, 경주 도시 자체가 하나의 거대한 박물관이라는 말을 실감할 수 있을 거야.

자! 고고학자인 이 아저씨를 따라 흥미진진한 역사 이야기가 가득한 경주로 떠나 볼까?

한눈에 보는 경주역사 유적지구

경주는 신라 천 년의 수도이었던만큼 우리 발길이 닿는 곳곳은 신라의 역사와 전설이 깃들어 있지. 세계문화유산으로 등재된 경주는 유적의 성격에 따라 다섯 개의 지구로 나누어져 있단다. 불교 미술의 보고인 남산 지구, 천 년 왕조의 궁궐터인 월성 지구, 신라 왕을 비롯한 고분군 분포 지역인

대능원 지구, 신라 불교의 정수인 황룡사 지구, 왕경 방어 시설의 핵심인 산성 지구로 말이야.

세계문화유산으로 지정된 곳 말고도 경주에는 빼놓을 수 없는 신라의 유적지가 많아. 그 중 꼭 돌아봐야 할 대표적인 곳은 또 다른 세계문화유산으로 지정된 불국사와 석굴암, 감은사와 대왕암이 있는 감포, 국립경주박물관, 신라역사과학관 등이란다. 답사해야 할 곳이 너무 많지? 그러니 꼼꼼하게 계획을 잡아 경주역사유적지를 돌아봐야 해. 자, 경주역사유적지구를 한눈에 보며 답사 계획을 세워 볼까?

신라, 천 년의 역사

수천 년 전, 역사가 시작된 이후 셀 수 없을 만큼 많은 나라들이 세워지고 멸망했어. 그중에는 무려 천 년이라는 긴 역사를 가진 나라가 있었단다. 바로 신라야.

초기 신라왕은 이주 세력

신라는 박혁거세가 세웠어. 알에서 태어난 신비로운 인물로, 지금부터 2천여 년 전(기원전 57년) 진한 여섯 부족의 지지를 받아 왕위에 올랐지. 박혁거세로 시작된 신라는 주변의 나라들을 물리치며 성장했어. 그런데 2대 남해왕 때 왜구가 쳐들어오고 가뭄과 흉년으로 나라가 어려워졌어. 남해왕은 어려운 나라를 바로잡기 위해 뛰어난 인물을 사위로 맞이하는데 바로 석탈해야. 박혁거세처럼 알에서 태어난 석탈해는 다파나국 출신으로, 남해왕의 아들인 유리왕에 이어 네 번째 왕이 되었어. 석탈해가 왕위에 있을 때 계림에서 나뭇가지에 걸린 금빛 상자가 발견되었는데, 그 속엔 어린아이가 있었지. 이 아이가 김알지이며, 이후 신라 김 씨 왕들의 시조가 되었단다.

불국토를 위하여

높은 산맥과 강으로 막혀 있고, 한반도 구석에 자리잡는 신라는 삼국 중 가장 늦게 발전했어. 부족 간에 서로 믿는 신도 다르고 왕의 힘도 강하지 못해서 백성들이 하나로 똘똘 뭉쳐 나라를 발전시키기가 어려웠지. 그래서 법흥왕은 당시의 수준 높은 종교인 불교를 국가의 종교로 삼고, 불교를 통해 백성의 마음을 하나로 모아 힘을 기르기 시작했어. 처음에는 왕의 힘이 강해지는 걸 두려워하는 귀족들의 반대가 많았지만, 이차돈의 순교 이후 신라는 점차 불교국가로 변해갔지.

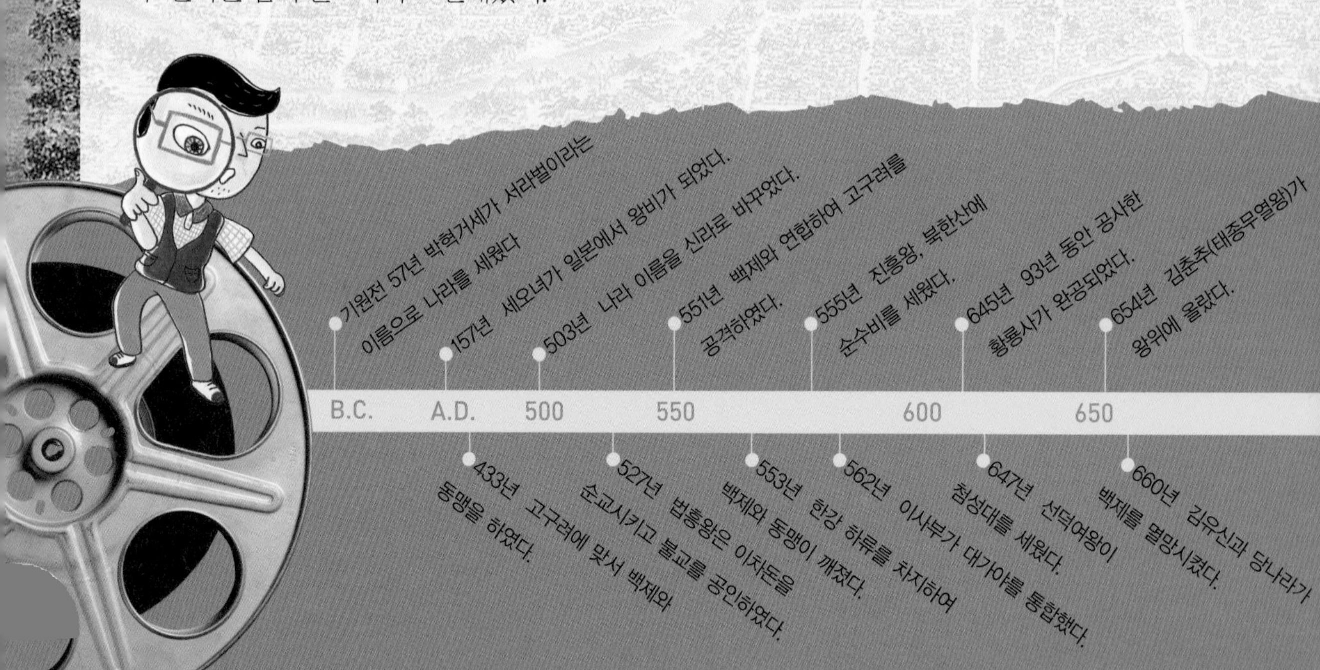

문화의 꽃을 활짝 피우며

불교를 통해 백성의 마음을 하나로 모은 후 신라는 아주 빠르게 발전하기 시작했어. 때로는 고구려와 백제의 눈치를 보기도 했지만, 중국의 문화를 받아들이고, 가야를 합병하면서부터 힘은 더욱 커졌지. 태종무열왕과 그의 아들 문무왕은 강력해진 국력을 바탕으로 676년 삼국을 통합했어. 물론 그렇게 되기까지는 가야 출신의 맹장 김유신과 수많은 화랑들의 공이 컸지.

신라보다 앞선 문화예술을 가지고 있던 고구려와 백제는 통합된 후 신라에 커다란 영향을 끼치며 신라예술의 수준을 높이 향상시켰어. 신라는 덕분에 문화의 전성기를 누리게 되었단다. 그 대표적인 문화재가 바로 불국사와 석굴암이야. 또한 신라는 세계에서 가장 아름다운 소리를 지닌 성덕대왕신종을 만들었지. 결국 이 때 만들어진 문화유산들은 신라인들뿐만 아니라 고구려와 백제인 모두의 힘과 노력이 합쳐진 작품들이야.

흔들리는 신라, 후삼국 시대

고구려와 백제가 역사의 저편으로 사라지고 난 뒤 고구려의 옛 땅에 대조영이 발해를 건국하면서, 북쪽에는 발해, 남쪽에는 신라, 이렇게 남북국 시대가 되었지. 남북국 시대의 신라는 전쟁이 사라지고, 문화적 수준도 높아졌지. 이 시대에 경주는 안정되었고, 세계적인 무역 도시로 성장했어. 특히 장보고는 중국, 일본과의 무역을 통해 엄청난 부와 힘을 얻으면서 해상왕이라 불릴 정도였어. 그런데 나라가 평화로워지자 경주에 살던 귀족들은 자신들만이 특별하다고 여기기 시작했어. 그 자부심이 점차 커지면서 다른 지방 사람들을 업신여기고 소홀히 대하는 마음으로 변해, 결국 남북국 시대의 신라는 흔들리기 시작했단다. 지방 사람들은 경주인들에게 불만을 품기 시작했지. 견훤, 궁예, 왕건 등은 강력한 힘과 지방 사람들의 지지 속에 새로운 통합을 위한 전쟁을 일으켰어. 결국 신라는 남북국 시대가 된 지 200여 년 만에 고려를 세운 왕건에 의해 역사 속으로 사라지고 말았단다. (935년)

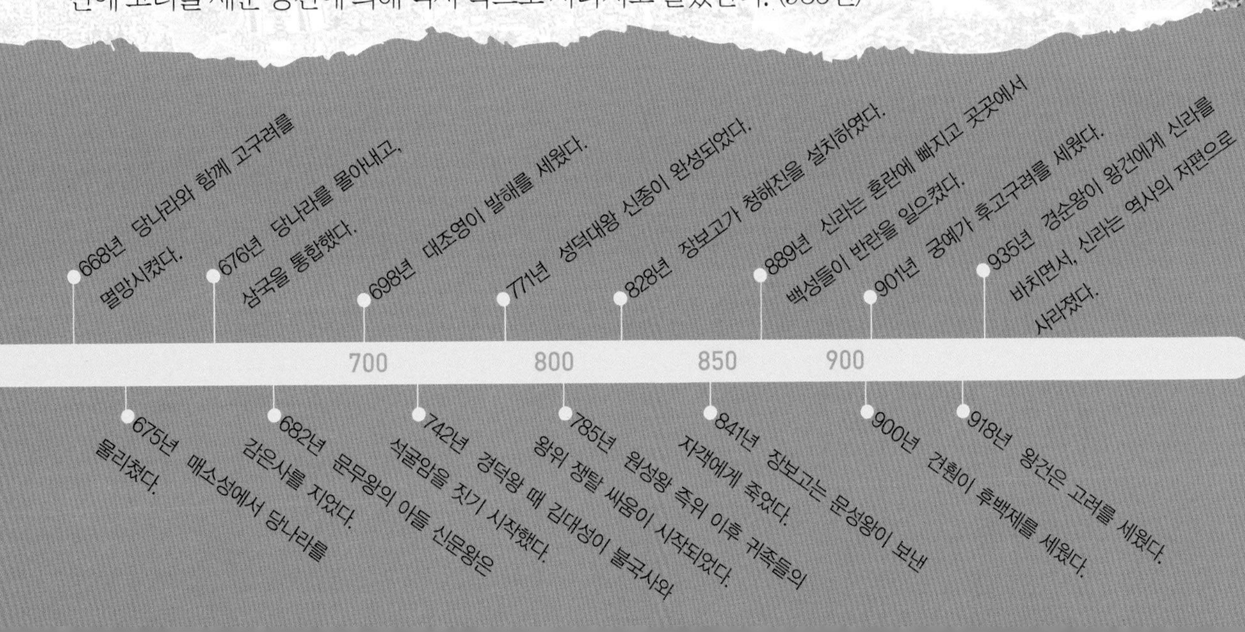

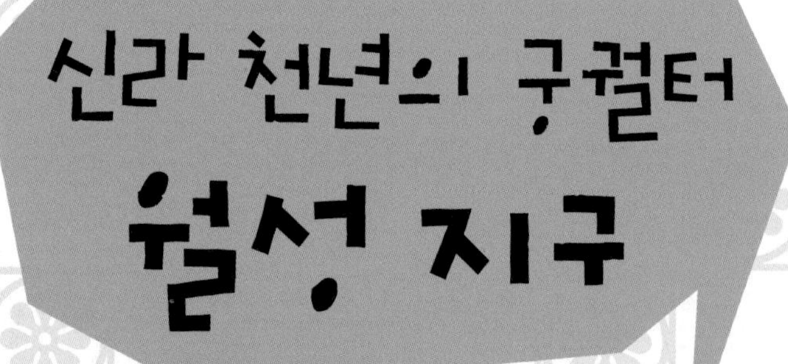

◀ 월성

임해전터 ▶

◀ 계림

이 책은 대릉원 입구에서 월성 지구를 가도록 소개했단다. 대릉원 입구에 도착하면 대릉원 반대 방향으로 '세계문화유산 경주역사유적지구' 라는 푯돌이 있어. 푯돌 옆으로 난 길이 신라 시대, 왕이 살던 궁궐터 월성으로 가는 길이야. 월성으로 가는 길에 첨성대도 보고 김알지가 태어났다고 전해지는 계림도 둘러볼 거야. 그리고 월성과 안압지, 박물관으로 가보자.

천 년의 역사가 깃든 왕경

자, 우리가 견학을 온 이곳은 어디지? 그래 바로 경주야. 경주는 동쪽으로 토함산, 서쪽으로 선도산, 남쪽으로 남산, 북쪽으로 북형산에 둘러싸인 분지란다. 이 아늑한 지형에 위치한 경주 안으로는 서천과 남천, 북천이 흘러서 그 일대를 기름진 땅으로 만들어 주었어.

이렇게 도읍지로서 갖추어야 할 방어와 생활의 조건을 두루 갖춘 경주는 《삼국유사》의 기록에 따르면 절들이 별처럼 흩어져 있고, 탑들은 기러기가 줄지어 나는 듯한 모습을 하고 있었단다. 또 신라의 49대 왕인 헌강왕이 궁궐의 월상루라는 높은 누각에 올라 사방을 살펴보니, 초가집은 하나도 없고 기와집은 서로 연이어 있었다는구나. 큰 길을 중심으로 바둑판처럼 잘 정비된 도읍지 경주에는 노래와 피리 소리가 끊이지 않았다고 해. 그런 경주의 옛모습이 상상이 되니? 그 중심에 월성이 있었단다. 자, 월성 지구로 가 볼까?

신라 왕들이 살았던 월성

왕궁 건물터인 주춧돌
월성 안에는 많은 궁궐 건물이 있었지만 지금은 그 터만 남았단다.

해자
적의 침략으로부터 성을 보호하기 위하여 성벽 주위를 판 뒤 물을 채워 넣은 시설이란다. 흔히 궁궐을 나타내는 '황성'이란 해자가 있는 궁궐이란 뜻이지.

경주의 옛 이름은 서라벌이란다. 서라벌이란 뜻은 쇠벌, 즉 쇠를 만드는 곳이라는 뜻이야. 이 발음이 변형되어 서라벌이 되었지. 그래서 사람들은 경주를 금성(金城)이라고도 해. 서라벌의 첫번째 궁궐터가 정확히 어디인지에 대해서는 의견이 분분하지만 '월성은 금성의 동남쪽에 있다.'는 기록으로 볼 때 월성의 북쪽인 황성동 일대로 추측하고 있어. 월성은 두번째 궁궐로 만들어져 신라가 멸망할 때까지 사용되었단다.

월성이 궁궐터가 된 건 석탈해가 살게 되면서부터야. 석탈해는 자신을 대장장이라고 이야기했지. 고대에 대장장이라면, 최첨단 과학기술을 가지고 있는 사람이야. 쇠로 만든 무기를 가질 수 있다면, 그건 강력한 권력을 가졌다는 뜻이기 때문이지. 그러니까 석탈해의 설화는 최첨단 기술을 가진, 쇠를 다룰 줄 아는 자

가 나라를 차지한다는 뜻이 숨어 있는 거야. 김(金) 씨 성을 가진 왕이 신라를 이끌어 가는 것도 역시 이러한 맥락과 관계가 있단다.

석탈해의 이야기를 한번 살펴볼까? 신라의 네 번째 왕이 된 석탈해는 다파나국 출신으로 알에서 태어났다고 해. 그는 경주에서 살 만한 곳을 살펴보던 중 지금의 월성이 있는 호공의 집터가 마음에 들었지. 그래서 호공의 집 주변에 몰래 숫돌과 숯을 묻었어. 그 다음날 호공을 찾아가 이 집은 자신의 조상이 대대로 살았던 집이었는데, 자신이 잠시 집을 비운 사이 호공이 들어와 주인이 되었다고 주장했어. 그리고 자신은 본래 대장장이였고, 집터를 파 보면 자신의 말이 사실일 거라고 해서, 결국 이 집을 차지했지. 이러한 소문이 널리 퍼지자 남해왕은 석탈해를 슬기로운 사람이라고 생각했어. 그래서 그를 사위로 삼았지. 석탈해는 유리왕에 이어 왕이 되었고, 그 다음왕인 파사왕 때 이곳에 왕궁을 만들었다는 기록이 전해지고 있단다.

석탈해 설화는 사실일까? 실제로 월성과 계림 사이에서 대장간 유적이 발굴되었어.

월성은 어떻게 만들었을까?

월성은 멀리서 보면 낮은 언덕 같아. 하지만 월성에 오르다보면 언덕이 아니라 누군가 흙으로 쌓은 성이라는 걸 쉽게 확인할 수 있지. 흙과 돌을 섞어 쌓아 올린 성으로, 판축이라는 기법을 사용해서 성벽을 만들었지. 나무로 틀을 짠 후 그 안쪽에 서로 다른 흙(점토, 마사토)을 교대로 채우고 두드려서 다지면 지금의 시멘트와 같이 단단해져서 오랜 세월이 지나도 흘러 내리지 않아. 중국에는 이러한 방식으로 만들어진 많은 토성들은 2,500년이 지나도 잘 보존되어 있어.

작은 **걸음** 큰 **생각**

얼음창고, 석빙고

월성 내에는 1741년 조선 시대에 만든 석빙고가 있어. 신라 시대의 것은 아니지만, 이 귀중한 문화유산을 그냥 지나칠 수는 없겠지? 삼국유사의 기록에 따르면, 석빙고를 만든 것은 1세기인 유리왕 때부터야. 지증왕 6년(505) 겨울에 얼음을 저장했으며 빙고를 관리하는 관리도 있었다는 기록도 있단다. 그렇다면 현재 남아 있는 석빙고의 구조는 신라 때부터 전해내려 온 것은 아닐까? 여름에 왕이 먹을 수 있도록 얼음을 보관했을 창고가 왕궁 내 있었을 가능성은 매우 높지.

그런데 어떻게 한여름까지 얼음을 녹지 않게 보관할 수 있었을까? 석빙고에는 우리 조상들의 어떤 과학 원리가 숨어 있는지 확인해 보자.

석빙고 외부
멀리서 보면 마치 무덤 같은 구조를 하고 있어. 하지만 위로 환기통이 있는 거 보이니?

석빙고 내부
아치형 천장에 안쪽으로 갈수록 바닥이 점점 낮아지지. 그리고 화강암으로 만들어졌단다.

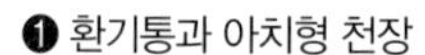

❶ 환기통과 아치형 천장
더운 공기는 위로 올라가지. 그 때 더운 공기가 위로 빠져나가고, 찬 공기는 석빙고 안을 맴돌도록 만들었어.

❷ 왕겨나 짚
얼음과 얼음이 붙지 않게 하고, 석빙고 내부의 찬 온도를 유지시켜 주지.

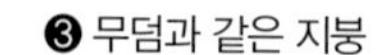

❸ 무덤과 같은 지붕
돌로 만든 석빙고 안이 햇볕에 쉽게 뜨거워지지 않도록 흙을 덮고, 흙이 비에 씻겨 내려가지 않도록 잔디를 심었어.

❹ 입구의 날개 벽
찬 바람이 빙고 안으로 들어가도록 하는 장치야.

❺ 안쪽으로 낮게 기운 바닥
얼음이 녹으면 물이 생기겠지? 그리고 그 물이 고이면 얼음을 더 빨리 녹게 할 거야. 그래서 녹은 얼음물이 배수구로 빠지도록 했지.

❻ 화강암으로 만든 내부
화강암은 숨쉬는 돌이란다. 아니 정확한 표현으로는 통풍이 되는 돌이지. 땅에서 찬 공기가 올라올 수 있도록 화강암으로 만들었지.

성스러운 숲, 계림

월성과 첨성대 사이에는 오래된 나무들이 많이 있는 숲이 있지. 바로 계림이야. 버드나무, 느티나무, 단풍나무 등의 수백 년 이상 된 고목들이 신비로운 분위기를 자아내고 있어. 신라의 건국 초기부터 오래된 나무가 무성한 곳인데, 원래는 해가 제일 처음 비추는 성스러운 숲이란 뜻으로 시림이라 했지. 그러다가 김알지가 태어난 후에는 '계림' 이라고 불렀어. 왜 계림이 되었냐고?

그것은 이 김알지의 탄생 신화와 관련이 있단다. 김알지는 이 숲의 나무에 매달린 금궤 안의 알에서 태어났지. 그 금궤 밑에서 김알지의 탄생을 알리는 닭이 울었단다. 이 신화는 왕이 하늘에서 내려온 특별한 존재라는 점을 돋보이게하는 내용이야. 닭이 울었던 시림 숲은 계림(닭의 숲)으로 이름이 바뀌었는데, 계림은 신라라는 이름을 짓기 전에 나라 이름으로도 사용되었어.

신라의 왕은 대부분 김씨!

신라는 박, 석, 김 씨가 돌아가면서 왕위를 계승했단다. 그 중 김 씨 성을 가진 왕은 무려 38명이나 돼. 신라의 왕 56명 중 박 씨가 10명 석씨가 8명이었던 것에 비하면 김 씨 집안의 세력은 매우 강했지. 김알지는 왕위에 오르지는 않았지만, 김알지의 7대 후손인 미추는 김 씨 성으로 첫 번째 왕위에 올랐고, 그 이후 신라의 왕위는 대부분 김 씨 집안의 차지였어. 그러니 신라 김씨 왕가의 시조인 김알지에 대한 존경은 대단했겠지?

신라는 원래, 12개의 작은 나라로 이루어진 진한 중 하나였지. 신라의 시조 설화를 보면 건국과정을 알 수 있단다. 처음 혁거세가 주변 부족을 모아 나라를 세웠고, 동해에서 진출해 온 탈해가 권력을 잡았다가, 다시 알지 등 김 씨 세력에게 넘어가는 과정을 말이야.

계림
김알지가 태어났다는 내용이 새겨진 비석만 있을 뿐이지만 신라 사람들은 오랫동안 이곳을 신성한 숲으로 여겼단다.

동양에서 가장 오래된 첨성대

첨성대

무려 1350여 년 전인 선덕여왕 때 세워졌어. 어떤 쓰임으로 사용했는지 정확히는 알 수 없지만, 그 자체만으로도 의미 있는 문화유산이야. 아주 과학적으로 만들어졌거든.

자, 첨성대에 도착했구나. 첨성대는 한 번쯤 교과서나 책에서 본 적이 있을 거야. 실제로 보니 느낌이 어떠니? 덩그러니 서 있는 첨성대에 실망했다고? 그렇지 않아. 실망하기에는 아직 이르단다. 이제부터 첨성대에 대해 꼼꼼히 살펴 볼테니 말이다.

우선 첨성대의 쓰임에 대해 생각해 볼까? 첨성대는 무엇을 하던 곳일까? 옛 기록을 보면 하늘을 관찰했다는 천문관측대라고 해. 동양에서 가장 오래된 관측대라고 할 수 있어. 그런데 일부 역사학자나 과학자들은 첨성대가 천문관측대가 아닐지도 모른다고 주장하기도 해. 천문대이기에는 윗부분이 너무 좁아 관측하기 불편하고, 오르내리는 방법이 힘들어 보이거든. 이런 이유로 불교를 상징하는 건축물 또는 선덕 여왕을 위한 기념물이었을 것으로 추측하기도 한단다. 무엇으로 쓰였을 것 같은지 한번 생각해 보렴.

여기서 잠깐!

첨성대를 자세히 관찰하자.

첨성대는 특별한 과학적인 의미를 담고 있어. 그 뜻만 헤아려 봐도 하늘과 관련된 건축물이라는 사실을 알 수 있지. 첨성대의 모습을 살펴보고, 빈 칸에 숫자를 채워 보렴.

1. ①은 일 년의 달 수야. 몇 단이니? (　　)
2. ①과 ②를 다하면 일 년 (　　) 절기야.
3. ③은 신라 (　　) 대 선덕여왕을 상징해.
4. ③과 ④를 더하면 동양의 기본 별자리수인 (　　)이지.
5. ③과 ④, ⑤를 더하면 음력 1달 날 수인 (　　)야.
6. 첨성대에 쓰인 361개의 돌은 음력 (　　) 날 수란다.

보기 29, 27, 24, 12, 28, 1년

☞정답은 72쪽에

기울어진 첨성대

동쪽에서 첨성대를 보면 약간 기울어져 있어. 한쪽 땅이 다른 쪽보다 약해 조금씩 내려앉았거든. 하지만 넘어지지는 않으니 걱정하지 말렴.

첨성대의 돌

바깥면은 반듯하게 깎았지만 안쪽은 울퉁불퉁한 면을 그대로 살렸어. 돌이 안의 흙과 서로 맞물려 힘의 균형을 이룰 수 있도록 말이야. 이런 점 때문에 첨성대는 쉽게 무너지지 않는단다.

밤하늘 별자리
신라 사람들이 관찰했던 밤하늘은 어땠을까? 청룡, 백호, 주작, 현무가 가득 메운 밤하늘이었을까? 신라 사람들은 제사와 농사를 위해 하늘을 관측하기도 했지만, 도시 구획에 별자리를 이용하기도 했단다. 당시 경주의 남북도로는 정확하게 북극성을 기준하고 있지. 신라 시대 도로를 측량해 보니 곧게 연결되며, 동서도로와는 정확하게 90˚로 연결되고 있어.

그럼, 이번에는 첨성대의 겉모습을 볼까? 첨성대는 우물이나 병을 닮았지? 네모난 돌로 쌓았지만 완성된 모습은 둥글지. 이것은 네모난 돌을 서로 잇대어 동그라미에 가까운 모습이 되도록 쌓았기 때문이란다. 그렇게 둥근 모습으로 쌓되, 가운데 창문까지 내고도 전체적으로는 음력 1년 날수인 361개에, 쌓아올린 단은 12개월과 24절기, 27단에 맞추었다는 것은 정말 놀라운 일이지. 정교한 수학적 지식이 없었다면 어림도 없는 일이야.

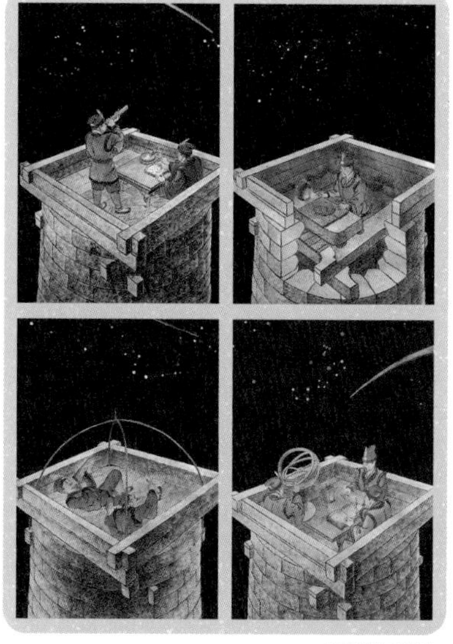
신라역사과학관

첨성대 천문관측 상상도
첨성대가 만약 천문관측대라면, 저 위에서 어떻게 하늘을 관찰했을까? 이에 대해 아직 정확히 밝혀지지 않았어.

첨성대의 안은 어떨까? 세워진 지 무려 1350여 년이 지났는데도, 첨성대는 본래의 모습 그대로란다. 심지어 《삼국사기》에 보면 779년 경주에 큰 지진으로 100명이 죽었을 때도 첨성대는 무너지지 않았어. 혹시 접착제를 발라 놓은 걸까? 그 비밀은 바로 내부의 흙에 있지. 그 흙이 첨성대를 이루는 돌을 꽉 움켜쥐고 있어 첨성대가 무너지지 않도록 하고 있단다.

그런데 신라 사람들은 왜 하늘에 관심이 많았을까? 그건 당시 농사가 가장 중요한 산업이었기 때문이야. 고대의 사람들은 하늘과 날씨의 변화를 지금의 우리처럼 과학으로 생각하지 않았지. 어쩔 수 없는 자연의 힘을 신의 조화라고 여겼단다. 하늘에 사는 신이 제 때 비를 내려주고, 적당한 햇빛을 주어야 농사를 잘 지을 수 있다고 믿었던 거지. 그래서 왕은 그 하늘의 아들이라며 하늘에 뜻에 따라 나라를 다스린다고 주장했단다. 때문에 왕은 늘 하늘을 관찰하고 하늘에 제사를 지냈던 것이지.

밤에 본 첨성대
첨성대는 야간조명으로 더욱 아름다운 모습을 뽐내고 있지. 밤에도 한번 가 보렴

아름다운 궁궐, 임해전 터

월지의 입수구
월지의 물은 이곳을 통해 들어온단다.

첨성대 앞에서 동쪽으로 가거나 월성에서 석빙고 옆 계단으로 내려오면 임해전 터가 나와. 이곳은 흔히 안압지라고도 부르는 곳이지.

임해전은 월성의 동궁이야. 이곳은 동궁이면서 외국 사신과 국빈들에게 잔치를 베풀던 곳이었어. 백제와 고구려를 무너뜨린 신라의 승리를 기념하기 위해 문무왕 때 만들었지. 치열한 전쟁을 치르는 동안 수준 높은 문화를 가진 두 나라의 도읍지에 대해 보고를 받은 문무왕은 백제와 고구려보다도 더 웅장한 궁궐을 만들어 신라의 승리를 뽐내

❶ 월지
임해전 터의 연못을 월지라고 했어. 연못치고는 상당히 크지? 신라의 빼어난 정원 건축 기술을 자랑하는 월지는 후에 일본의 정원 기술에 큰 영향을 주기도 했단다.

❷ 바다를 표현한 월지
연못가가 꼬불꼬불한 선으로 만들어진 건 바다를 표현하기 위해서란다.

❸ 세 개의 섬
월지에 있는 세 개의 섬은 신선이 산다고 전해지는 삼신산을 표현한 것이란다.

고 싶었어. 그래서 만든 임해전은 무척 화려한 궁궐이었단다. 하지만 나라가 기울자 신라 말 경순왕은 이곳에서 고려 태조 왕건에게 신라를 바치기 위해 잔치를 베풀기도 했지.

그 뒤 신라가 멸망하고 임해전은 폐허가 되었어. 이곳을 본 조선의 선비들이 "옛 화려함은 사라지고, 오리와 기러기만이 연못을 유유히 떠다니더라."라고 했지. 그래서 안압지라고 부르기도 했단다.

:: 동궁
왕의 태자가 살던 곳이란다. 이 건물 사이로 물이 흘러가는 길을 설치했지.

:: 안압지
신라가 망한 뒤 월지에 기러기와 오리떼가 놀고 있어 기러기 '안'과 오리 '압'을 써 안압지라고 불렀어.

진귀한 연못, 월지

연못 주위로는 아름다운 동산과 열두 봉우리를 만들고 세 개의 인공 섬을 만들었어. 북쪽에는 천 개가 넘는 신기한 모양의 돌을 가져다 정원을 꾸몄지. 월지에서는 수많은 유물들과 함께 6미터 길이의 나무배와 산양, 사슴, 말, 돼지, 거위 등의 동물 뼈가 출토됐었어. 당시 배를 타면서 동산 위에서 놀고 있는 여러 동물들을 구경했음을 알 수 있단다.

오랜 전쟁이 끝에 삼국을 통합하고 평화를 기원한 문무왕은 달빛이 비치는 이곳에 있으면 신선이 된 기분이었겠지?

❹

❹ 월성
임해전은 바로 월성 옆에 위치해 동궁 역할을 했지.

❺ 임해전 터
임해전이란 바다에 가까이 있는 건물이란 뜻이야. 저 주춧돌들이 바로 이곳에 건물이 있었다는 흔적이란다. 건물이 있던 쪽의 연못가는 반듯하게 직선으로 표현했지. 이곳은 땅을 표현했기 때문이야.

임해전 터에서 발굴된 유물

경박 200707-90, 국립경주박물관

목제주령구
나무로 만든 주사위야. 술을 마시고 연회를 즐길 때 벌칙을 주기 위한 놀이 도구이지. 여러 면에 각 벌칙이 새겨져 있어.

가위
굉장히 화려한 가위지? 초심을 자를 때 사용했단다. 이 가위만 보아도 임해전 터의 화려한 궁중생활을 엿볼 수 있어.

경박 200707-90, 국립경주박물관

신라 유물의 보고, 국립경주박물관

국립경주박물관은 고고관, 월지관, 미술관, 특별전시관 등이 있고, 뜰에도 많은 유물들이 전시되어 있단다. 사실 하루를 투자해 돌아봐야 할 만큼 큰 박물관이지. 신라의 역사와 문화, 예술을 한눈에 확인할 수 있는 곳이니, 꼭 빼놓지 말고 둘러보자.

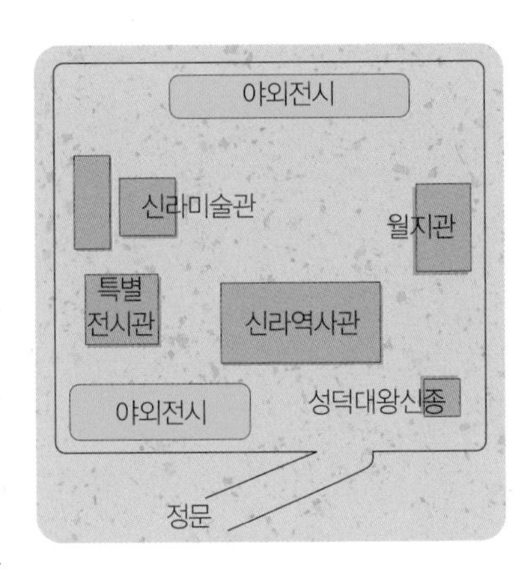

국립경주박물관

먼저 고고관으로 가 볼까? 이곳은 주로 왕릉에서 발굴된 유물들이 전시되어 있어. 다채로운 모습을 한 토우와 왕의 껴묻거리인 금관과 허리띠 등을 꼭 챙겨 보렴.

이번에는 미술관으로 가 보자. 불교와 관련된 유물과 신라인들의 생활상을 알 수 있는 다양한 유물들이

국립경주박물관의 유물

경박 200707-90, 국립경주박물관

금제 보검
대릉원 지구에서 발견된 이 유물은 지중해 근처에서 유행하던 칼이야. 당시 신라가 비단길을 통해 외국과 교류했다는 사실을 알 수 있단다.

경박 200707-90, 국립경주박물관

토우가 장식된 항아리
토우란, 점토로 빚은 인물상을 말해. 주로 풍요와 다산을 바라며 무덤에 넣기 위한 껴묻거리로 만든 것이야.

경박 200707-90, 국립경주박물관

얼굴무늬 수막새
비록 왼쪽 턱 부분이 깨어져 나가 아쉽지만, 환하게 웃고 있는 얼굴을 새겨 넣은 수막새 기와이야. 이 얼굴은 '신라인의 미소'라고도 해.

경박 200707-90, 국립경주박물관

이차돈 순교비
이차돈이 순교한 후 그를 추모하기 위해 세운 비석이지. 이차돈의 순교 기록과 장면이 새겨져 있단다.

전시되어 있지. 이차돈 순교비와 임신서기석, 황룡사의 치미와 신라 시대의 왕경을 표현한 모형 등은 꼭 보렴.

월지관은 최근 새롭게 단장했단다. 우리가 이미 다녀온 임해전 터에서 출토된 유물들이 전시되어 있지. 전시된 유물을 보며, 신라의 궁중 생활이 얼마나 화려했을지 상상해 보자.

국립경주박물관의 야외에는 고선사 3층석탑과 다양한 불상들이 전시되어 있어. 고향을 잃고, 박물관의 뜰에 안치된 모습이 왠지 안쓰럽지. 유물은 제자리에 있을 때 빛을 발하는데 말이야.

작은 **걸음** 큰 **생각**

아름다운 소리가 나는 성덕대왕신종

가까이에서 성덕대왕신종을 볼까? 남북국 시대의 신라는 돌 다듬는 솜씨뿐 아니라 금속을 다루는 기술도 뛰어났어. 금방이라도 날아가 버릴 듯한 옷자락을 휘날리며 향기로운 꽃을 받쳐 들고 있는 비천상, 아름답고 은은한 소리를 내게 하는 음관, 섬세한 용 조각의 용뉴 등을 자세히 보면 확인할 수 있지.

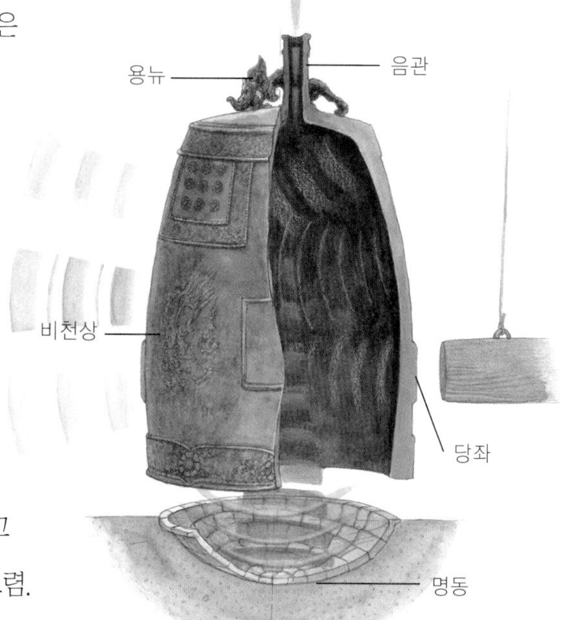

그런데 이렇게 아름다운 종에 전설처럼 정말 아기를 넣었을까? 혹시 이 종을 만들기 위해 엄청난 세금을 부담해야 하는 백성들의 슬픈 원성은 아니었을까? 박물관에서는 매 시간 정각에 성덕대왕신종의 종소리를 들려주고 있으니, 꼭 아름다운 종소리를 감상해 보렴.

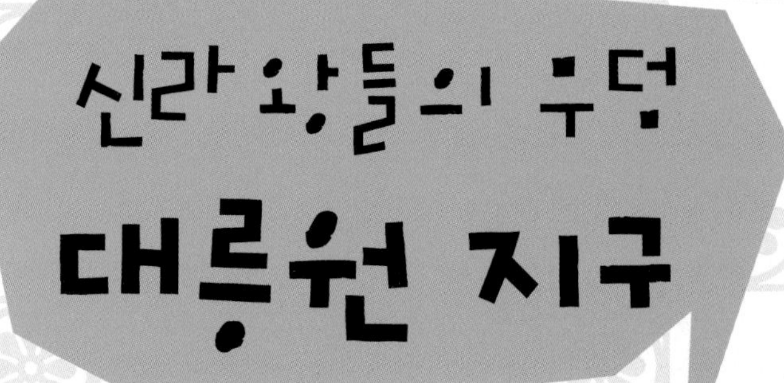

◀ 노동동 고분

◀ 동부사적지대

대릉원 ▶

이제 대릉원으로 가보자. 대릉원은 경주 시내에서 그 어떤 유적지보다도 유명한 곳이지. 경주 지도한 장만 있다면, 어렵지 않게 찾을 수 있는 곳이야. 대릉원에서 미추왕릉, 천마총, 황남대총을 보고, 대릉원 후문으로 나갈 거란다. 그리고 후문 건너편 주택가에 있는 노동동 · 노서동 고분군으로 가 보자. 그런 다음 박혁거세의 무덤이라고 전해지는 오릉도 둘러볼 거야.

신라 왕들의 영혼이 깃든 커다란 옛 무덤

경주 하면 무엇이 가장 먼저 떠오르니? 한 번쯤 경주에 가 보았다면 아마도 시내 곳곳에 봉긋봉긋 솟아난 커다란 무덤들이라고 떠오를 거야. 경주 시내에는 155호 개나 되는 커다란 고분들이 있으니 말이야. 그런데 주택가 한 가운데 무덤들이 있다니, 신라 사람들은 왜 도심에 이렇게 커다란 무덤들을 만들어 놓은 걸까?

철저한 신분 사회였던 고대 국가의 왕들은 죽어서도 살아 있을 때와 마찬가지로 막강한 부와 권력을 누리고 싶어했단다. 그리고 왕이 죽고 난 뒤 새롭게 즉위한 왕은 선왕들이 누렸던 권력에 힘입어 백성들이 자신을 잘 따르기를 원했어. 그래서 신라의 왕들은 도시 한가운데 커다란 선왕의 무덤을 만들었지. 선왕의 무덤을 통해 자신의 힘을 과시해 백성들이 존경하도록 말이야. 그러나 시간이 흐르고, 불교가 전래되면서 사람들은 커다란 무덤을 만드는 데 들이는 돈과 노동력이 낭비라고 생각하게 되었지. 그래서 무덤은 점점 작아지게 되었단다.

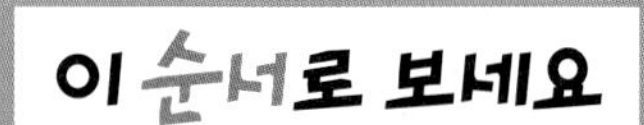

23기의 고분이 한자리에, 대릉원

경주는 세계가 인정한 역사문화 도시답게 시내 곳곳에서 옛 신라의 유적을 만날 수 있어. 그 중에 대표적인 게 바로 왕릉이야. 지금 돌아보려고 하는 대릉원이지. 고대의 옛 무덤들이 1천5백여 년의 시간을 거슬러 올라 역사의 신비감을 느끼게 하는 유적이란다.

《삼국사기》에 미추왕이 '재위 23년 만에 돌아가시니, 대릉에 장사를 지냈다.'는 기록이 있단다. 그래서 미추왕릉이 있는 이곳을 나머지 고분들과 묶어 대릉원이라고 부르게 되었지.

백성을 사랑한 미추왕

대릉원 정문을 지나 숲길을 따라 걷다 보면 오른쪽에 맨 처음 만나게 되는 무덤은 미추왕릉이야.

미추왕은 백성을 사랑했던 신라 13대 왕이란다. 《삼국사기》의 기록을 보면 "미추왕은 백성에 대한 마음이 깊어 여러 곳에 신하를 보내

선인들의 지혜

경주의 무덤은 둥글둥글하면서 참 보기가 좋아. 왜냐고? 크기의 비율이 알맞기 때문이지. 고분의 전체 길이가 높이의 4배 정도가 되면 사람들이 보기에 평안한 느낌을 준단다. 늘 기댈 수 있는 언덕으로 만들면 조상님이 지켜준다고 생각되어 무덤이 옆에 있어도 무섭지 않겠지.

대릉원

대릉원에는 김 씨의 첫 번째 왕인 미추왕의 무덤과 하늘을 나르는 말 그림이 출토된 천마총, 발굴 후 경주 황남동에서 가장 크다고 붙여진 황남대총, 철검이 출토된 검총이 있지. 그리고 아직 발굴이 안 된 무덤들도 남아 있단다.

백성의 생활을 듣게 하였다."고 해. 그래서일까? 신라 사람들 사이에는 이런 이야기가 전해져 내려왔단다. 미추왕이 죽고 그 다음에 왕위에 오른 유례왕 때의 일이야. 이서국(지금의 청도 지역의 소국)이 갑자기 금성으로 쳐들어 와 신라가 궁지에 몰렸단다. 그런데 갑자기 어디선가 귀에 대나무 잎을 꽂은 군사들이 나타나 순식간에 이서국 군대를 물리치고 사라져 버렸어. 신라 사람들이 이 신기한 일에 의문을 품었으나, 미추왕릉 앞에 대나무 잎이 수북이 쌓여 있었던 것을 보고 미추왕이 죽어서도 나라를 걱정하여 대나무 잎으로 만든 군사들을 보냈다고 여기게 되었지. 이 이야기는 미추왕이 당시 백성들에게 얼마나 존경 받는 왕이었는지를 잘 보여주고 있어. 자, 이번에는 대릉원에서 가장 유명한 천마총으로 가 볼까?

미추왕릉
담장 안에 있는 무덤이 미추왕릉이야. 대나무 잎 군사들의 이야기가 얽혀 있어 미추왕릉을 죽릉, 죽장릉이라고도 부르지.

백성들을 사랑했던
왕은 죽어서도 존경
받는 법이잖아요.

왕릉 내부로 떠나는 여행, 천마총

고고학의 발굴 기술이 크게 발전하지 않았던 시절, 바로 옆 황남대총을 발굴하기 전 고고학자들은 천마총을 시범삼아 먼저 발굴했단다. 그런데 뜻밖에도 천마총에서 금관과 천마도 등 어마어마한 유물들이 쏟아져 나와 세계적인 관심을 끌었지.

천마총
경주에서 유일하게 내부가 공개된 왕릉이란다. 유물이 출토된 상황을 알 수 있도록 무덤 내부를 복원해 놓았지. 신라 무덤의 특징도 알 수 있고, 천마총에서 발굴된 유물도 확인할 수 있으니, 꼭 둘러보자.

자, 무덤 안으로 들어가 보자. 주위를 한번 올려다 볼까? 나무로 된 방 위로 수 많은 돌을 쌓아 올려 놓았지? 그리고 흙을 덮었어. 이런 형태의 무덤을 돌무지덧널 무덤이라고 한단다. 이번에는 덧널 안을 자세히 관찰해 보자. 시신은 흙이 되어 사라졌지만, 무덤의 주인과 함께 묻

천마도

천마총은 출토된 천마도 때문에 얻은 이름이지. 천마도란, 하늘을 나는 말이 그려진 다래를 말한단다. 최근에 역사학자들은 말 이마 위에 솟은 뿔을 발견하고 말이 아니라 기린이라는 상상의 동물이라고 주장하기도 해. 특이한 점은 천마도가 자작나무 껍질에 그려졌다는 점이야. 이 껍질은 나무에서 쉽게 벗겨지지만, 잘 찢어지지 않고 방수 효과가 있단다. 그래서 신라 사람들은 자작나무 껍질을 모자, 장식품 등에 다양하게 사용했지.

경박 200707-90, 국립경주박물관

혀진 유물은 발굴 되기 전까지 1천5백여 년의 시간동안 고스란히 이 안에 있었단다. 어때, 왕릉이야말로 타임캡슐인 셈이지? 잘 관찰해 보면, 금제허리띠와 칼을 차고 금관을 쓴 채 묻혀 있었다는 사실을 알 수 있어. 칼을 차고 있는 것으로 보아 이 무덤의 주인은 아마도 남자일 거야. 머리 위쪽에는 많은 보물을 담은 나무상자가 있지. 천마총 안을 둘러 보면, 덧널에서 출토된 여러 유물들을 모형으로 재현해 놓았단다. 천마총에서 발굴된 모든 유물은 순금이고, 정교한장신구들은 신라 사람들의 금세공 기술이 아주 뛰어났다는 사실을 보여 주고 있지.

이제 천마총 바로 옆에 있는 황남대총으로 가 보자.

여기서 잠깐!

천마총에서 발굴된 유물

1천5백 년 된 달걀
달걀은 신비한 존재이며, 다산과 풍요를 상징했어. 그래서 박혁거세와 석탈해, 김일지는 알에서 태어났다고 했단다. 신비한 탄생을 강조하기 위해서 말이야.

경박 200707-90, 국립경주박물관

새 날개 모양 장식
금관 안에 장신구로 쓰였을 새 날개 모양 장식은 죽은 왕의 영혼이 하늘로 가길 바라는 바람을 담고 있단다.

경박 200707-90, 국립경주박물관

화려한 장식의 금관과 허리띠
사슴뿔과 출(出) 모양은 왕권을, 푸른 곡옥은 풍요를 상징해. 이 껴묻거리는 아주 무거워 실제로 사용했는지는 의문이란다.

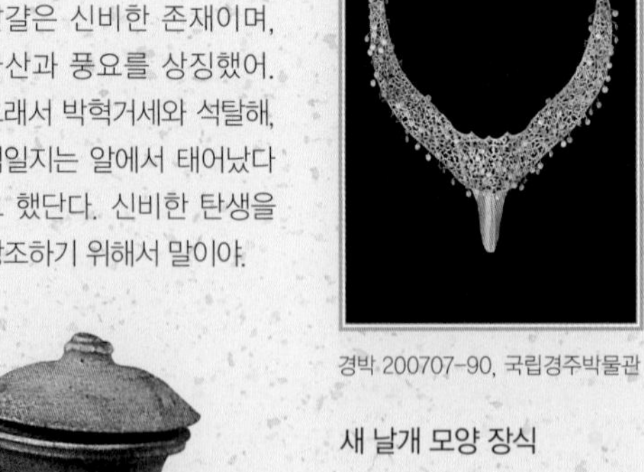
경박 200707-90, 국립경주박물관

다래인 천마도는 무엇일까?

천마도는 다래였지. 그런데 다래란 어디에 사용하던 것일까?

1. 무덤 벽에 걸던 장식용 그림
2. 말을 탈 때 흙이 튀지 않도록 안장에 연결된 흙받이
3. 관과 유물을 덮었던 그림

☞ 정답은 72쪽에

가장 큰 쌍무덤 황남대총

황남대총이란 이름은 경주 황남동의 커다란 무덤이라는 뜻이야. 대한민국에서 뿐만 아니라 고구려 고분이 있는 중국 집안 지역을 포함해서 우리 조상들이 만든 무덤 중 가장 큰 돌무지덧널무덤이란다.

황남대총은 왕과 왕비의 쌍무덤인데, 남쪽이 왕의 무덤이고, 북쪽이 왕비의 무덤이야. 왕의 무덤이 먼저 만들어졌단다. 왕의 무덤에서는 칼, 창, 화살촉, 말안장 여덟 벌, 대형항아리, 곡물 등 3만 점이 넘는 유물이 출토되었어. 주로 무기와 생활용품이었지. 흥미로운 것은 60세 전후로 보이는 왕의 시신과 순장된 것으로 짐작되는 20대 여자의 시신도 함께 나왔다는 사실이지. 왕비의 무덤에서는 금관과 금제 팔찌 등 화려한 장신구가 많이 나왔지만 칼은 차고 있지 않았어. 또한 '부인대' 라고 새겨진 은제허리띠가 발굴되어 왕비의 무덤이라는 사실을 알 수 있었지.

황남대총 발굴 전 시범삼아 발굴한 천마총에서 중요한 유물이 많이 출토되자 천마총을 관람할 수 있게 했고, 황남대총은 발굴 후 그대로 덮어, 지금은 외형만 볼 수 있단다.

:: 껴묻거리
무덤에 시신과 함께 묻는 물건을 뜻해. 그런 물건을 부장품이라고도 한단다.

:: 순장
죽은 사람을 위해 종이나 하인을 산 채로 함께 묻는 걸 말해.

고대 사람들은 죽음이 끝이라고 생각하지 않았어. 그래서 죽어도 살았을 때처럼 생활할 수 있도록 무덤에 여러 물건들을 넣어 주었지.

왕의 무덤

왕비의 무덤

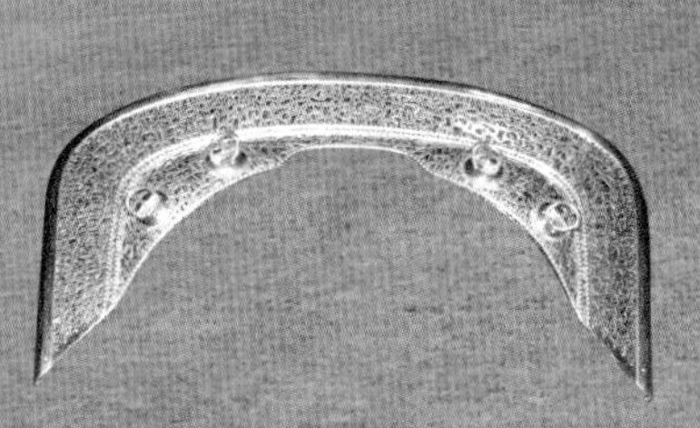

말안장 가리개
비단벌레로 만든 말안장 뒷가리개란다. 수천 마리의 날개로 장식했지. 이 말안장을 얹은 말을 타고 달렸다면 얼마나 화려했을까?

경박 200707-90, 국립경주박물관

외국에서 온 수입품
실크로드를 통해 수입된 유리병이 출토되었어. 유리손잡이가 떨어지자 금실로 감아 사용했지. 이 병은 지중해에서 주로 포도주를 담아서 사용했던 것이야.

황남대총
황남대총은 길이가 120미터, 높이가 23미터인 거대한 무덤으로 두 개의 능이 나란히 붙어 있지. 저 황남대총 너머에 바로 천마총이 있단다.

도심 속의 노동동 · 노서동 고분

대릉원의 후문으로 나와 횡단보도를 건너면 주택가 안쪽에 바로 노동동 · 노서동 고분이 있단다. 21세기를 살아가는 사람들과 1천5백 년 전의 커다란 무덤이 어우러져 살아가는 모습을 확인할 수 있지. 이 풍경이 천 년의 고도 경주의 특징이 아닐까? 대릉원을 둘러보느라 다리가 아팠다면 이제 노동동 · 노서동 고분에서 재미있는 옛날 이야기 하나 들려줄 테니, 잠시 쉬어 보자.

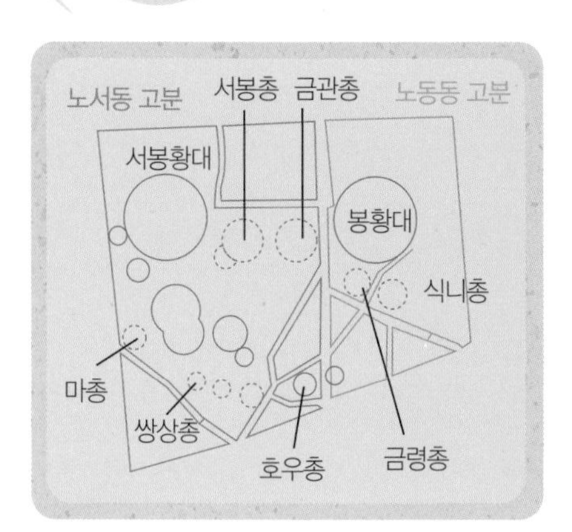

노동동 · 노서동 고분
친절한 안내판이 없어 어떤 무덤인지 정확히 알 수 없단다. 그러니, 이 위치도를 참고하면 좋겠지.

봉황로를 사이에 두고 노동동 고분과 노서동 고분은 서로 마주보고 있지. 원래는 대릉원과도 연결되었지만, 도로가 생기면서 이렇게 나뉘었어. 자, 긴 의자에 앉아 주위를 한번 둘러볼까? 어떤 무덤이 가장 큰 것 같니? 그래 바로 봉황대야. 봉황대에는 재미있는 전설이 깃들어 있지. 고려 태조 왕건 때의 이야기란다. 어느 풍수

노동동 · 노서동 고분에서 발굴된 유물

경박 200707-90, 국립경주박물관

금관총 금관
처음 출토된 왕관이지. 하지만 당시 비전문가들이 발굴해 유물만 캐내는 수준이어서 고분 구조나 출토 상황을 제대로 밝히지 못했단다. 금관이 출토되어 금관총이라고 불러.

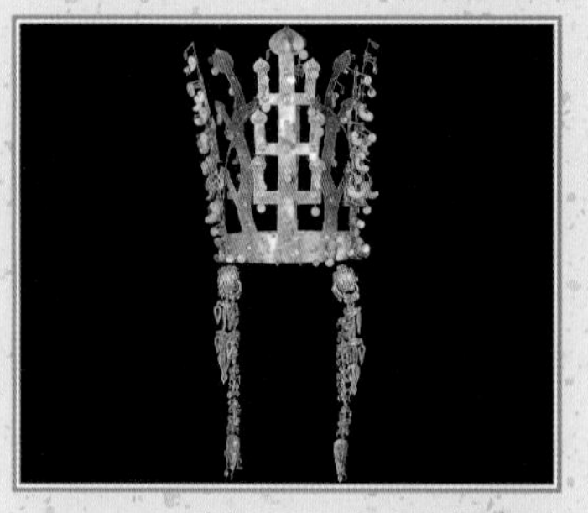

경박 200707-90, 국립경주박물관

서봉총 금관
스웨덴의 고고학자이며 황태자인 구스타프 아돌프가 경주을 방문해 발굴하던 중 출토되었어. 그래서 스웨덴의 한자식 글자인 '서'와 금관 장식인 봉황의 '봉'을 따서 서봉총이라고 이름 붙였어. 실제는 부부쌍무덤이었지.

금령총 기마인물형 토기
금방울이 달린 작은 금관이 출토되어 금령총이라 불렸지. 기마인물형 토기 2점과 배모양 토기도 출토되었는데, 배모양 토기는 당시 배모양을 알려주는 중요한 자료란다.

경박 200707-90, 국립경주박물관

가가 풍수지리상 신라 수도인 경주는 배가 떠 있는 모습이니, 이 배를 침몰시켜야 빨리 신라가 멸망할 것이라고 왕건에게 말했지.

이 이야기를 들은 왕건은 거짓 풍수가를 신라 조정에 보냈단다. 그러고는 "경주는 봉황의 모습인데 지금 봉황이 날아가려 하고 있으니 봉황의 알을 만들어 두면 봉황이 날아가지 않을 것이다."라며, "맑은 물을 좋아하는 봉황을 위해 샘물을 파고, 날갯죽지에 금을 넣어두라."고 했대.

:: 풍수지리
바람과 물의 흐름, 땅 모양이나 방위 등의 좋고 나쁨을 따져 사람에게 미치는 영향 따위를 연구하는 학문이란다.

:: 조정
나라의 중요한 결정을 하는 곳으로, 오늘날에는 정부와 같은 의미로 쓰이지.

그래서 신라 조정은 서둘러 시내 곳곳에 무덤 같은 알을 만들고 샘을 팠지. 결국 알을 만든 것은 배를 무겁게 한 것이고, 샘을 판 것은 배의 바닥을 뚫은 것이었어. 날갯죽지에 금을 박는 것은 돛대를 부러뜨린 것이었고. 이렇게 신라는 스스로 멸망이 재촉했던 거야. 그때 만든 봉황의 알이 바로 봉황대라는 전설이 전해온단다. 신라 멸망 뒤 고려와 조선 시대로 이어지면서 이 이야기로 사람들은 봉황대를 무덤이라고 생각하지 않게 되었어. 자연히 인공적인 산이라 여기면서 전설로만 이어지게 되었지.

신라에서 발견된 고구려유물

호우총에서는 밑바닥에 고구려 광개토대왕의 이름이 새겨진 청동그릇이 발굴되었어. 신기하지 않니? 신라에서 출토된 고구려의 그릇이라니. 광개토대왕이 죽은 지 2년 뒤인 415년 만들어진 듯해. 광개토대왕의 제사를 위해 고구려에서 만든 것으로 짐작된단다. 그런데 왜 신라에 있느냐고? 그때 신라는 고구려의 영향력 아래 있었기 때문이지.

노동동·노서동 고분의 무덤

식리총
금동신발이 출토되어 한자식 이름인 식리총이 되었어. 묻힌 사람은 금관도 없고, 큰 칼을 차고 있어 왕보다는 신분이 약간 낮은 남자의 무덤으로 보고 있지.

봉황대
건물 사이로 우뚝 솟아 있지. 오래된 나무들이 지금도 무덤 위에서 자라고 있네. 황남대총을 둘로 나눴을 때 하나의 크기 정도란다. 길이가 무려 80미터나 되지.

봉황대로 불리우는 저 무덤도 분명 왕릉일 테고, 그 크기만 봐도 많은 유물이 묻혀 있을 거라고 다들 기대한단다.

박혁거세의 무덤, 오릉

우리는 이제 오릉으로 갈 거야. 오릉은 경주 시내에서 남산으로 가는 길목에 있지. 박혁거세의 능과 관련된 《삼국유사》의 기록에 따르면 박혁거세가 죽은 뒤 시신이 하늘로 승천했는데, 7일 만에 다섯 부분으로 나누어 땅에 떨어졌단다. 그 시신을 한 곳에 함께 묻으려고 했지만, 큰 뱀이 나타나 방해했다는 거야. 이를 하늘의 뜻이라 생각해 다섯 개의 능으로 나누어 박혁거세의 시신을 묻었고, 사릉(뱀무덤)으로도 부르게 되었지. 이런 전설이 전해지지만 지금은 박혁거세를 비롯, 남해, 유리, 파사 및 혁거세의 부인인 알영비의 능까지 모두 다섯 개의 무덤이 있어서 오릉이라고 전해지고 있어. 이곳에는 박혁거세의 부인 알영이 태어났다는 우물 '알영정' 도 있지.

오릉
박혁거세의 능으로 알려진 오릉이야. 자세히 보면, 오릉이 아니라 육릉인 사실을 알 수 있지.

동부사적지대

대릉원 입구에서 월성 쪽으로 바라보이는 이곳이 모두 동부사적지대에 속하는 곳이란다. 지금은 넓은 평지로 이루어져 있지만 옛날에는 왕궁 앞 많은 관청 건물들이 있었지. 계림 북편에서는 관청 건물을 짓기 위해 큰 항아리를 묻어 땅의 신에게 제사를 지낸 흔적이 발굴되었단다. 동부사적지대에 드문드문 왕릉이 보이지? 계림 뒤편에는 내물왕릉도 있지. 이곳도 모두 대릉원 지구에 속한단다.

박혁거세의 능은 정말 오릉일까?

오릉에는 모두 몇 개의 능이 있을까? 자세히 보면 모두 6개의 능이 있다는 사실을 알 수 있어. 즉 육릉인데, 왜 오릉이라고 할까? 정말 박혁거세의 무덤일까? 이 무덤들은 4세기 이후에 만들어진 돌무지덧널 무덤으로 짐작돼. 그리고 주인도 모르고, 오릉이라는 증거도 확인되지 않았지. 경주에 있는 고분들은 대부분 정확히 주인을 알 수 없단다. 너희들이 고고학자가 되어 연구해 보는 건 어떨까?

신라의 무덤이야기

신라는 처음 덧널 무덤만 만들었지만, 4세기에 들어서 돌무지덧널 무덤을 만들지. 경주 시내 평지에 만들어 놓은 대부분의 돌무지덧널 무덤은 신라의 대표적인 무덤이란다. 돌무지덧널 무덤은 덧널을 만들어 시신을 안치하고 돌을 쌓은 뒤 흙으로 덮은 무덤을 말해. 아래 그림을 보면 쉽게 그 뜻을 이해할 수 있단다.

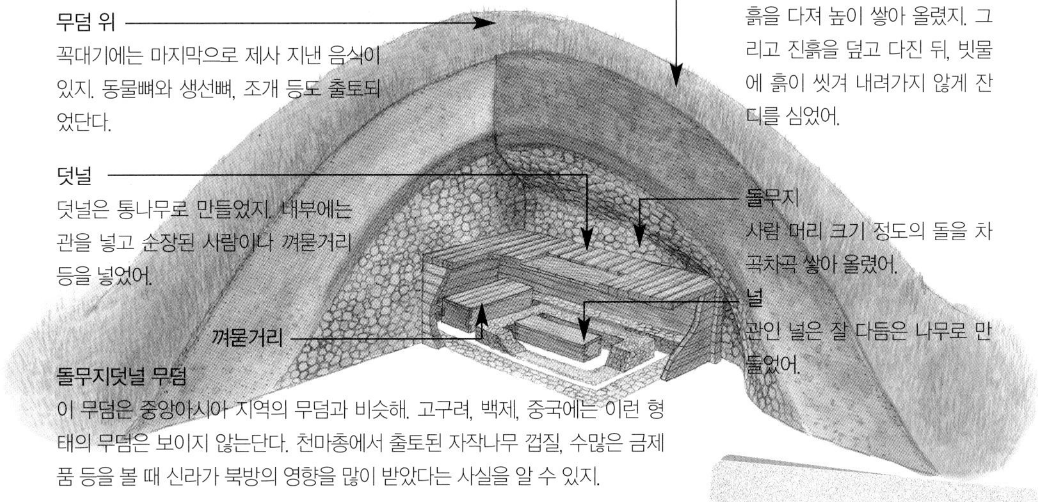

흙과 잔디
흙을 다져 높이 쌓아 올렸지. 그리고 진흙을 덮고 다진 뒤, 빗물에 흙이 씻겨 내려가지 않게 잔디를 심었어.

무덤 위
꼭대기에는 마지막으로 제사 지낸 음식이 있지. 동물뼈와 생선뼈, 조개 등도 출토되었단다.

덧널
덧널은 통나무로 만들었지. 내부에는 관을 넣고 순장된 사람이나 껴묻거리 등을 넣었어.

돌무지
사람 머리 크기 정도의 돌을 차곡차곡 쌓아 올렸어.

널
관인 널은 잘 다듬은 나무로 만들었어.

껴묻거리

돌무지덧널 무덤
이 무덤은 중앙아시아 지역의 무덤과 비슷해. 고구려, 백제, 중국에는 이런 형태의 무덤은 보이지 않는단다. 천마총에서 출토된 자작나무 껍질, 수많은 금제품 등을 볼 때 신라가 북방의 영향을 많이 받았다는 사실을 알 수 있지.

그런데 천마총과 같은 크기에 돌무지덧널 무덤을 만들려면 얼마나 많은 사람이 필요할까? 천마총의 발굴조사 보고서에 의하면 천마총을 쌓는 데만 무려 6천여 명의 사람이 필요했다는구나. 그러나 왕의 시신을 처리하고 껴묻거리를 만들고, 장사를 지내고, 무덤을 만들 재료를 구하는 일까지 생각해 본다면 그보다 훨씬 더 많은 사람들이 필요했겠지. 지나치게 많은 돈과 인력이 필요하자, 시간이 지나면서 신라의 무덤양식은 서서히 변화했단다. 6세기가 되면서부터는 돌방 무덤으로 변했다가 불교가 전래되면서 껴묻거리가 적어지고, 화장도 유행했지. 당연히 무덤의 규모도 작아지게 되었어.

신라의 옛 무덤과 도굴

일제 강점기 때, 전국에서 수많은 도굴을 당해 많은 유물이 반출되었어. 고구려와 백제의 경우, 돌방 무덤의 형태이기 때문에 방의 입구만 찾으면 왕릉의 껴묻거리를 쉽게 도굴할 수 있는 반면, 신라의 돌무지덧널 무덤은 쉽게 파헤칠 수 없는 구조를 지니고 있어서 도굴의 피해를 적게 입었단다.

● 돌방 무덤은 말 그대로 돌로 만든 방 무덤이라는 뜻이란다. 돌을 쌓아 방을 만들고, 흙으로 씌운 형태이지. 주로 고구려와 백제에서 많이 만들어졌는데, 신라에도 전래되어 왕족과 귀족층에서 유행하기도 했단다.

삼국을 통합한 두 주인공의 무덤

세계문화유산으로 지정받은 유적은 아니지만, 경주까지 왔다면 꼭 둘러봐야 할 두 사람의 무덤이 있지. 바로 삼국 통합의 **주역**인 김춘추와 김유신의 무덤이란다. 시내에서 멀지 않은 곳에 있고, 교과서와 역사책에도 빠지지 않고 등장하는 두 사람의 무덤을 찾아가 볼까?

주역
어떤 일에 결정적 역할을 했던 사람을 가리키는 말이란다.

김춘추의 무덤, 태종무열왕릉

태종무열왕릉
왕릉을 돌아 보고 신라의 뛰어난 조각 기술을 엿볼 수 있는 태종무열왕릉비의 귀부와 이수를 잘 살펴 보자.

경주의 옛 무덤에는 이름이 있지만, 사실 정확한 주인을 알 수 있는 무덤은 거의 없단다. 다만 역사적인 자료나 설화를 통해 추측할 뿐이지. 그런데 비교적 주인을 확실하게 알 수 있는 무덤이 있어. 바로 태종무열왕릉이란다. 어떻게 알 수 있냐고? 그건 태종무열왕릉 앞 이수의 기록 때문이야.

우선 김춘추에 대해 알아 볼까? 그는 원래 왕이 될 수 있는 성골 신분이 아니었어. 그러나 진덕여왕으로 성골의 대가 끊기자 그 다음 서열인 진골 출신인 김춘추가 왕위에 올랐단다. 선덕여왕의 조카이면서, 탁월한 외교 활동으로 조정의 두터운 신임을 얻어 신라의 실세로

여기서 잠깐!

태종무열왕릉비를 관찰해 보자.

오랜 세월 이 자리를 지킨 태종무열왕릉비는 귀부와 이수만 남고 가운데 몸돌인 비석은 사라졌지만, 신라 조각 예술의 우수성을 보여주지. 다음 내용을 관찰해 볼까?

1. 이수에는 양쪽 여섯 마리의 용이 여의주를 받치고 있지? 그 가운데 '태종무열대왕지비' 라는 여덟 글자가 새겨져 있단다.
2. 거북이의 앞발가락은 다섯 개지만 뒷발가락은 네 개란다. 이것은 앞으로 힘차게 나가기 위해 뒷발 엄지발가락을 안으로 밀어넣고 힘을 주기 때문이야.
3. 콧구멍의 콧김이며, 머리와 목의 주름 등이 금세라도 움직일 것 같은 생동감을 주고 있지.

떠오르는 인물이었거든. 그리고 무엇보다 당시 막강한 군사권을 쥐고 있었던 김유신과 둘도 없는 친구였지. 이렇게 왕이 될 수 있는 기반을 가지고 있던 김춘추는 왕위에 오른 지 7년 만인 660년 백제를 무너뜨리고, 신라가 삼국 통합의 주도권을 손에 쥘 수 있는 결정적 역할을 했어.

무덤의 이름

김춘추의 무덤은 능인데, 왜 김유신의 무덤은 묘일까? 주인을 알 수 있고, 그 주인이 왕이라면 무덤의 이름 끝에 '능'을 붙인단다. 하지만 왕이 아닌 사람의 무덤은 대부분 '묘'라고 하지. 그렇다면 천마총 할 때, '총'은 뭘까? 무덤의 주인을 알 수 없지만, 가치 있는 유물이 나오면, 그 유물의 이름을 따서, '총'이라고 해. 주인을 알 수 없고, 대표할 만한 유물도 발견되지 않으면, 옛 무덤이라는 뜻의 '고분'이라고 하지.

신라의 명장, 김유신 묘

자, 여긴 김유신의 묘란다. 삼국 통합의 또 다른 주인공인 김유신은 가야 왕족 출신이지만 망한 나라의 후손이어서 신라에서는 차별을 받았어. 하지만 뛰어난 장군이었고, 김춘추의 가장 절친한 친구였으며, 둘째 동생 문희가 김춘추와 결혼하면서 신라 최고의 실력자로 떠오르지.

김유신의 무덤은 왕릉 못지 않은 화려한 무덤이란다. 12지신이 새겨진 호석이 둘러져 있는 이 무덤은 김춘추의 아들인 문무왕 시절에 만들어졌단다. 살아 생전에는 신라 최고의 벼슬인 '대각간'을 지냈고, 평생 나라를 위해 몸바친 장군이었으니 이렇게 화려하게 꾸민 것은 어쩌면 당연한 일이었는지도 모르지.

능, 총, 묘, 고분은 모두 무덤을 이르는 말이지.

김유신 묘

김유신 묘에는 12지신상이 둘러져 있어. 그런데 무기를 들고 있지만 갑옷을 입지 않고 평복 차림이지. 그래서 이 조각으로 신라 시대의 옷차림이나 무기를 알 수 있단다. 이렇게 12지신상으로 잘 꾸며진 무덤은 남북국 시대에 만들어지기 때문에 어떤 사람은 이 무덤이 김유신의 것이 아니라고 추측하기도 해. 하지만 김유신이 죽은 뒤 흥덕왕 때 흥무대왕으로 높여졌기 때문에 나중에 호석을 둘렀을 거라고 보기도 한단다.

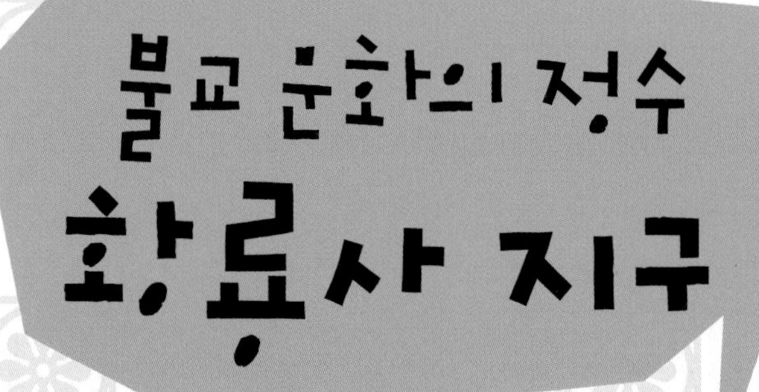

◀ 분황사

황룡사 터 ▶

◀ 당간지주

황룡사 터를 보려면, 분황사를 찾아가자. 분황사 앞 너른 들판이 보이지? 저기가 바로 황룡사가 있던 자리야. 지금은 그 흔적만 남아 위대한 황룡사를 상상하기가 힘들지 모르지만, 곳곳에 남은 주춧돌만으로도 황룡사의 크기를 짐작해 볼 수 있단다. 황룡사 터를 보고 나면, 되돌아 나와 선덕여왕을 위한 절, 분황사에 가 보자. 분황사에서 불교 문화에 대해서도 알아 볼 거야.

하늘의 별과 같이 많았던 경주의 사찰

사찰은 흔히 절이라고 해. 우리 친구들은 어쩌면 절이라는 낱말에 더 익숙하겠구나. 경주에 살던 신라 사람들은 신라 땅에 부처님이 살았다고 믿었단다. 그래서 여기 저기에 절을 세웠지. 신라에 처음 세워진 흥륜사를 비롯하여 영흥사, 황룡사, 분황사, 영묘사, 천왕사, 담엄사 등은 신라인들의 정신적 버팀목이 되었던 절들이었지.

신라 시대 경주에는 사찰과 탑이 너무 많아 '사찰은 하늘의 별과 같이 많고, 탑은 날아가는 기러기와도 같이 많구나.' 라고 했단다. 이렇게 사찰과 탑이 많아진 데에는 이유가 있단다. 불교가 널리 퍼지자 왕족이나 귀족들은 곳곳에 사찰을 짓고 부처님의 사리를 넣은 탑을 만들어 예배를 드리고 싶어했기 때문이야. 그래서 많은 절과 탑이 세워졌고, 절과 탑은 신라가 부처님의 나라이기를 꿈꾸던 백성들에게 자부심과 긍지를 심어 주었어. 그리고 그 마음은 한데 모여 신라가 발전하는 원동력이 되었지.

흔적조차 웅장한 황룡사

중금당 터의 대좌
대좌란 불상이 앉은 자리이지. 이곳이 금동삼존장륙상이 있던 대좌란다.

흔적만 남은 유적지
황룡사는 당시 신라의 자랑이자 위대한 유산이었지. 1238년 몽골 침입시 경주 전역이 불바다가 되면서 황룡사도 사라지고, 지금은 건물이 있던 흔적만 남아 있단다.

자, 이제 우리는 황룡사 터에 왔구나. 이곳에 오면 대개 황량한 들판을 보며 '여기도 유적지예요?' 라고 묻지. 지금은 그 터만 남았지만, 여기는 신라뿐 아니라 동양 최대의 사찰인 황룡사가 있던 곳이란다. 그냥 눈으로 봐서는 그 넓이가 가늠이 안 되지? 총 2만여 평으로 보통 야구장의 다섯 배 정도라고 생각하면 돼.

여기는 본래 진흥왕이 553년에 늪지를 매워 궁궐을 지으려고 했던 곳이야. 그런데 늪지에서 황룡이 나타나자, 신기하게 여긴 진흥왕은 사찰을 짓기로 했지. 그 후 공사를 거듭해 645년 완공될 때까지 무려 93년 간의 긴 시간과 정성이 들어간 대규모 건축물이었단다.

크기로 보는 금당터

우선 금당터부터 볼까? 중금당 터에는 돌로 만든 큰 대좌들이 남아 있어. 중앙에는 불상과 보살상, 양 옆으로는 열 명의 제자상과 두 구

왕경 유적
황룡사 근처 논둑을 보면 신기하게도 동서남북으로 정확하게 구분되어 있단다. 경주의 도로와 주택이 계획적으로 만들어졌다는 사실을 알려 주는 유적이지.

의 신장상을 세웠지. 그런데 불상과 보살상 대좌 바닥 중앙에는 두 개의 구멍이, 뒤쪽에는 한 개의 구멍이 있지? 중앙의 구멍 두 개는 불상을, 뒤쪽 구멍은 광배를 고정시켰던 자리란다. 그런데 이 정도 크기의 대좌라면 높이는 어느 정도였을까? 불상의 크기는 약 5미터 쯤 되었을 것으로 짐작해. 그러면 금당은 적어도 2층 이상의 높이가 되는 건물이어야겠지. 신라의 세 보물 중 하나가 이 불상과 보살상인데, 금동삼존장륙상이라도 하지. 《삼국유사》에 이에 대한 재미있는 이야기가 전해진단다. 인도의 서천축국의 아육왕이 불상을 만들려고 했지만, 거듭 실패를 했어. 그래서 금과 철, 그리고 삼존불상의 모형을 배에 실어 보냈는데, 신라 땅에 닿았지. 신라에서는 그 재료로 한 번에 불상을 완성했다는 이야기지.

신기한 것은 중금당을 제외한 양 옆의 동금당과 서금당에는 불상을 모신 대좌가 발견되지 않았다는 거야. 아마도 금당에 큰 그림을 그려 매달았거나 작은 불상들만 모셨을지 모르지. 아직 고고학자들도 이유를 밝혀 내지 못했단다.

솔거의 노송도
솔거가 그린 노송도가 얼마나 사실적이었는지, 이따금씩 새들이 앉으려다가 벽에 부딪혀 다쳤다는 이야기가 전해진단다.

신장상
부처님과 불법을 지키는 신을 조각한 상이란다.

치미
궁궐이나 절의 지붕 위 용마루 양쪽 끝에 사용하던 장식용 기와야.

여기서 잠깐!

황룡사는 얼마나 컸을까?

황룡사의 건물들은 얼마나 컸을까? 황룡사에서 출토된 치미라는 유물을 보면 상상해 볼 수 있지. 이 치미는 얼마만큼 클까요?

① 커 봤자 기와인데, 한 30센티미터이지 않을까?
② 아니야. 제법 컸다는데 적어도 100센티미터는 되어야지.
③ 내 키보다도 컸을 거야. 한 150센티미터 정도!
④ 아니야. 무지 큰 황룡사잖아. 적어도 180센티미터 정도는 됐을 거야.

☞ 정답은 72쪽에

경박 200707-90, 국립경주박물관

황룡사 터에서 출토된 치미
두 개를 만들어서 중간에 끈으로 이었단다. 특이한 것은 웃는 사람 얼굴 모양이 장식되었다는 거야.

음. 주춧돌이 내 키만 하군.

세계에서 가장 컸을 목탑

황룡사 9층 목탑은 당나라로 유학을 다녀온 자장법사가 신라를 강한 나라로 만들기 위해 선덕여왕에게 요청해 만든 탑이야. 645년에 완공되었지만, 220년이 지나 기울어진 것을 헐고 경문왕 때 다시 세웠지. 그러다 결국 고려 시대에 몽고의 침입으로 황룡사가 불탈 때 같은 운명이 되었단다.

탑 각 층에는 신라가 당시 주변 아홉 나라를 물리치기를 바라는 마음이 담겨 있어. 당시 신라는 끊임없는 주변 국가들의 침입에 시달리고 있었지. 이를 극복하기 위해 탑을 세우면서 강력한 나라가 되기를 부처님께 기도했지. 탑을 완공한 후 신라의 왕들은 9층까지 올라가 경주 시가지를 한눈에 내려다 보며 태평성대를 꿈꾸었을거야.

목탑의 초석

목탑의 기둥을 세운 주춧돌이야. 이 밑에는 중국제 백자, 금동제 귀걸이, 청동거울, 칼, 유리구슬 등 각종 유물들이 있었단다. 이 물건들은 땅신에게 제사 지낼 때 묻은 것들이지. 타임캡슐의 역할을 하는 이 유물들처럼 목탑 터를 발굴한 뒤, 고고학자들은 100원짜리 동전과 발굴 내용을 기록한 전돌을 이 곳에 묻었단다.

황룡사 9층목탑

황룡사 터에 있는 주춧돌을 기본으로 삼아 그린 상상도란다. 지금으로부터 약 1천3백여 년 전, 지금과 같은 최첨단 건축 장비도 없이 이렇게 높은 건물을 세울 수 있었다는 것은 그만큼 우리 조상이 뛰어난 건축 기술을 가지고 있었다는 것이지.

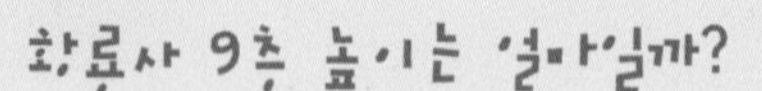

자취만 남은 터에서 황룡사 9층 목탑을 상상해 보라고 하면 무리일까?
무려 높이가 80미터였다고 하는데,
그렇다면 오늘날 어떤 건물과 같은 크기일까?

1. 5층 건물인 우리 학교
2. 10층 정도의 건물
3. 25층 정도의 아파트

☞정답은 72쪽에

황룡사 9층 목탑과 아비지

황룡사 9층 목탑을 세울 것을 자장법사에게 제안 받은 선덕여왕은 당시 신라의 건축 기술로는 9층 목탑을 세우는 게 무리라고 판단했지. 그래서 신라보다 앞선 기술을 가지고 있던 백제에 도움을 요청했어. 당시 백제는 신라와 사이가 좋지 않았지만, 잦은 문화 교류가 있었기 때문에 백제의 유명한 장인인 '아비지' 는 선덕여왕의 청을 받아들였지.

신라로 온 아비지는 부처님을 위한 탑을 세우기 위해 열심히 노력했어. 그러다 목탑의 중심 기둥을 세우던 전날 밤, 자신의 모국인 백제가 멸망하는 꿈을 꾸었단다. 자장법사가 말한 주변 아홉 국가 중에 한 나라가 백제였던 거야. 아비지는 더 이상 탑을 만들 수가 없었지. 그래서 공사를 그만두고 백제로 돌아가야겠다고 마음 먹었어. 그런데 갑자기 하늘과 땅이 흔들리고 사방이 어두워지더니, 늙은 스님과 거인이 나타나 탑의 중심 기둥을 세우고 사라졌지. 너무나 놀란 아비지는 탑을 세우는 일이 부처님과 하늘의 뜻이라고 생각하게 되었어. 그래서 정성을 다해 3년 만에 탑을 완공했지. 결국 15년 뒤 백제는 신라에게 무너지고 말아. 만약 그때까지 아비지가 살아 있었다면 얼마나 마음이 괴롭고 힘들었을까?

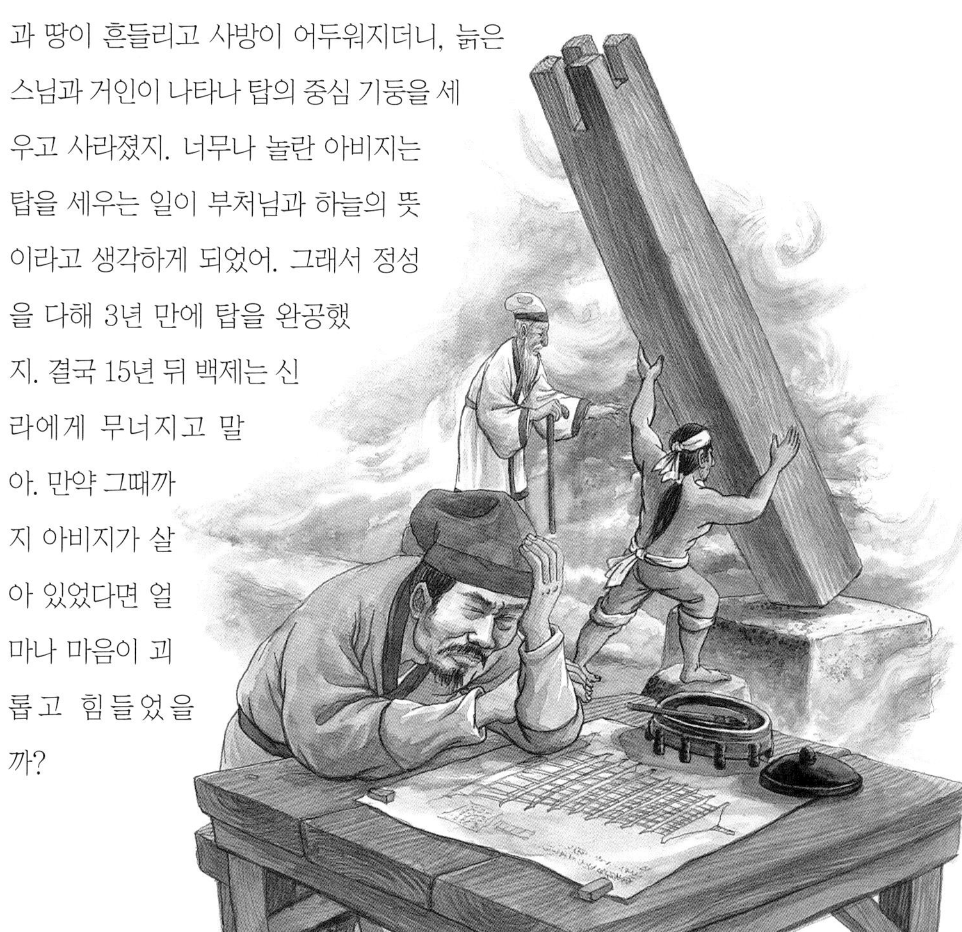

선덕여왕을 위한 절, 분황사

황룡사 북쪽으로 다시 되돌아 나가면 바로 분황사 정문이 보여. 분황사 앞에 당간지주가 보이니? 당간지주가 있는 곳까지 본래 모두 분황사였단다. 현재 담장을 두른 것보다 훨씬 넓었지. 하지만 지금은 모전석탑과 조선 시대 때 세운 금당인 보광전만 남아 있어.

분황사는 신라 최초의 여왕인 선덕여왕을 위한 절이야. 분황이란 부드럽고 향기로운 황제란 뜻을 담고 있단다. 황룡사가 국가와 백성들을 위한 절이었다면, 분황사는 왕실의 안녕을 비는 절이었지.

보광전 내에는 조선 시대 때 만든 금동약사불이 모셔져 있단다. 원래 신라 경덕왕 때 만든 약사여래입상이 있었는데, 임진왜란 때 사라졌지. 분황사의 뒷담 바깥 우물에서는 목이 잘려진 석불상 등 모두 스무 점의 유물이 출토되었는데, 조선 시대 때 숭유억불 정책으로 불교를 배척하면서 땅에 묻혀진 것이란다.

분황사 당간지주
당간지주란 절 입구에 긴 쇠기둥을 세워 고정시키기 위한 돌기둥을 말한단다. 쇠기둥 꼭대기에는 절의 영역이나 행사를 표시하는 깃발을 걸어 달았지.

분황사의 우물

모전 석탑 뒤에는 팔각 우물이 하나 있어. 그곳으로 가 보자. 재미있는 이야기를 하나 들려줄게.

원성왕 때 경주 내 연못과 분황사 우물에 나라를 지키는 신비한 호국룡 세 마리가 있었단다. 그런데 신라에 왔던 당나라 사신이 돌아가면서 술수를 부려 호국룡 세 마리를 물고기로 변하게 해 몰래 통 속에 담아 갔지. 왕은 이 사실을 보고받자마자 돌아가던 사신을 다시 불러 극진히 대접하는 척하다가 '용을 풀어 주지 않으면 극형에 처하겠다.' 고 겁을 주었어. 사신은 어쩔 수 없이 용을 풀어 주었다는 설화가 전해지고 있단다.

원효대사와 설총

분황사에는 유명한 스님들이 많이 머물렀어. 황룡사 9층 목탑을 세우도록 건의한 자장법사와 불교를 대중화 시킨 원효대사도 이곳에 머물렀지.

요석공주와 원효대사 사이에서 태어난 설총은 죽은 아버지가 그리워 원효대사의 유해와 진흙을 섞어 소상을 만들었단다. 그리고 분황사에 보관해 놓고 항상 경배를 드렸지. 그러던 어느 날 설총이 앞이 아닌 옆에서 절을 하자, 소상이 갑자기 고개를 돌려 설총을 보았지. 신기하게도 몇 백 년이 지난 후까지도 소상은 고개를 돌린 채로 있었다고 해. 아쉽게 소상은 전해지지 않는단다.

소상
찰흙으로 만든 인물 모형이란다.

분황사의 모전석탑

분황사에서 무엇보다 유명한 것은 모전석탑이야. 우리나라에서 오래된 탑 중 손가락에 꼽히는 이 탑은 선덕여왕 때 만들었지. 오랜 세월이 지나면서 부서진 것을 일제 강점기 때 수리했는데, 탑 안에서 사리 장엄구를 비롯해 병 모양의 그릇, 실패와 바늘, 침통, 가위 등이 발굴되었지. 이런 유물들은 여성인 선덕여왕을 위해 모전석탑을 세웠다는 것을 더욱 확인시켜 준단다. 그런데 그 중에는 고려 시대의 물건도 있었어. 아마 고려 시대에도 분황사 석탑을 귀하게 여겼던 것 같구나. 원래는 9층 또는 7층이었을 거라고 추측되지만 지금은 3층만 남아 있지.

여기서 잠깐!

탑을 지키는 동물은 누구일까?

모전 석탑 기단 모서리에 있는 네 동물친구는 누구일까요?

정답은 72쪽에

역사와 친해지는 불교이야기

역사 유적지를 다니다 보면, 절을 자주 만나게 돼. 그건 우리 역사가 불교의 영향을 많이 받았기 때문이야. 그래서 조금이나마 불교에 대해 알면 역사나 문화를 공부하는 데 큰 도움이 된단다. 그것은 우리가 유럽으로 여행을 갔을 때 기독교나 그리스 로마 신화를 알면 훨씬 더 유익한 답사를 할 수 있는 것과 마찬가지야. 불교를 이해하려면 딱 두 가지정도만 알고 있어도 많은 도움이 돼. 바로 탑과 불상에 관한 이야기란다.

부처님의 무덤, 탑

불국사의 석가탑

탑은 무엇일까? 탑은 부처님의 사리를 보관한 일종의 무덤이라고 할 수 있어. 지금으로부터 2천 년 전 평생을 많은 사람들에게 깨달음을 주었던 석가모니가 80세에 열반해서, 그 몸을 화장했더니 엄청난 양의 사리가 나왔단다. 사리가 무엇인지는 아직 정확히 밝혀지지 않았지만, 수도를 많이 하는 사람들의 몸 속에 생기는 신비로운 물체란다. 그 사리는 부처님께 예배드리고 싶은 많은 사람들에게 널리 퍼졌어. 사람들은 탑을 세워 그 속에 부처님의 사리를 불경 등과 함께 보관하고 탑돌이를 하며 소원을 비는 등 성스러운 예배의 대상으로 삼았던 것이지.

부처님을 조각한 불상

보리사의 석조여래좌상

불교가 널리 퍼지면서 여러 나라에서 불탑을 만들었지. 하지만 탑을 세우려면 부처님의 사리가 있어야 하는데, 원하는 사람은 점점 많아지지만 사리는 턱없이 부족했어. 그러다 불교가 서양 문화와 만나면서 부처님의 모습을 조각하게 되었어. 이제 사람들은 탑 대신 불상을 만들기 시작했단다. 부처님의 모습은 불교의 가르침과 역할에 따라 조금씩 달라. 또한 시대와 지역별로 불상은 다양한 모습을 하고 있어.

불상 중 여래상은 부처님을 표현한 불상으로 화려한 장신구가 없고 머리가 나발 모양이야. 반면 부처가 되기 위해 수행 중인 보살을 표현한 보살상은 화려한 장신구를 걸치고, 머리에 화관을 썼지.

경박 200707-90, 국립경주박물관

경박 200707-90, 국립경주박물관

☞ 정답은 72쪽에

불교 미술의 보고
남산 지구

◀ 감실부처바위
부처바위 ▶
◀ 마애관음보살상

남산은 다른 경주역사유적지구처럼 짧은 시간에 쉽게 답사할 곳은 아니란다. 남산 전체가 하나의 커다란 유적지이거든. 남산만 제대로 답사해도 짧게는 하루, 길게는 삼 일이 걸리지. 그래서 이 책에서는 친구들에게 꼭 추천하고 싶은 몇 곳만 골라 소개했단다. 우선 나정과 포석정을 둘러보고, 냉골과 탑골, 부처골에 있는 불교 조각상들을 보도록 하자.

커다란 야외 박물관, 남산

경주 남산, 한 번쯤 들어 본 적이 있니? 180여 개의 봉우리와 60여 개의 계곡들로 이루어져 있는 남산은 불교 미술의 보물창고라고 불릴 만큼 숱한 신라의 유적들이 여기저기 흩어져 있는 곳이란다. 그래서 사람들은 흔히 이 경주 남산을 커다란 야외박물관이라고 해. 옛 절터 150여 개, 왕릉 13개, 불상 118점, 탑 97개가 남산 곳곳에 있으니, 그렇게 부를 만도 하지?

우리는 남산에 가면 신라의 역사와 신라 사람들의 소박한 마음을 알 수 있어. 신라 천 년의 역사가 시작되고 막을 내린 곳도 남산이고, 부처님의 향한 신라인들의 마음이 새겨진 조각상을 만날 수 있는 곳도 남산이니 말이야. 그런데 남산의 유적들은 황룡사나 성덕대왕신종처럼 왕을 위한 웅장하고 위대한 작품들이 아니란다. 그저 백성들이 자신의 마음 속에 깃든 부처님을 바위에 소박하게 새겼을 뿐이지.

남산에 오르면 자연과 한 몸이 되어 신라 사람들의 마음을 직접 느낄 수 있을 거야. 자, 그러면 우리를 기다리고 있는 남산으로 향해 볼까?

이 순서로 보세요

나정 (44쪽)
↓
포석정 (45쪽)
↓
삼릉과 냉골 (47쪽)
↓
부처골 감실부처바위 (51쪽)
↓
탑골 부처바위 (52쪽)

한눈에 보는 **남산 유적**

남산은 산 전체가 하나의 거대한 야외 박물관이라고 한단다. 그 정도로 골짜기마다 불상과 탑이 있고, 곳곳에 전설이 깃들어 있지. 신라를 세운 박혁거세의 탄생 설화가 깃든 나정부터 신라의 마지막 역사를 장식한 포석정도 남산에 있단다.

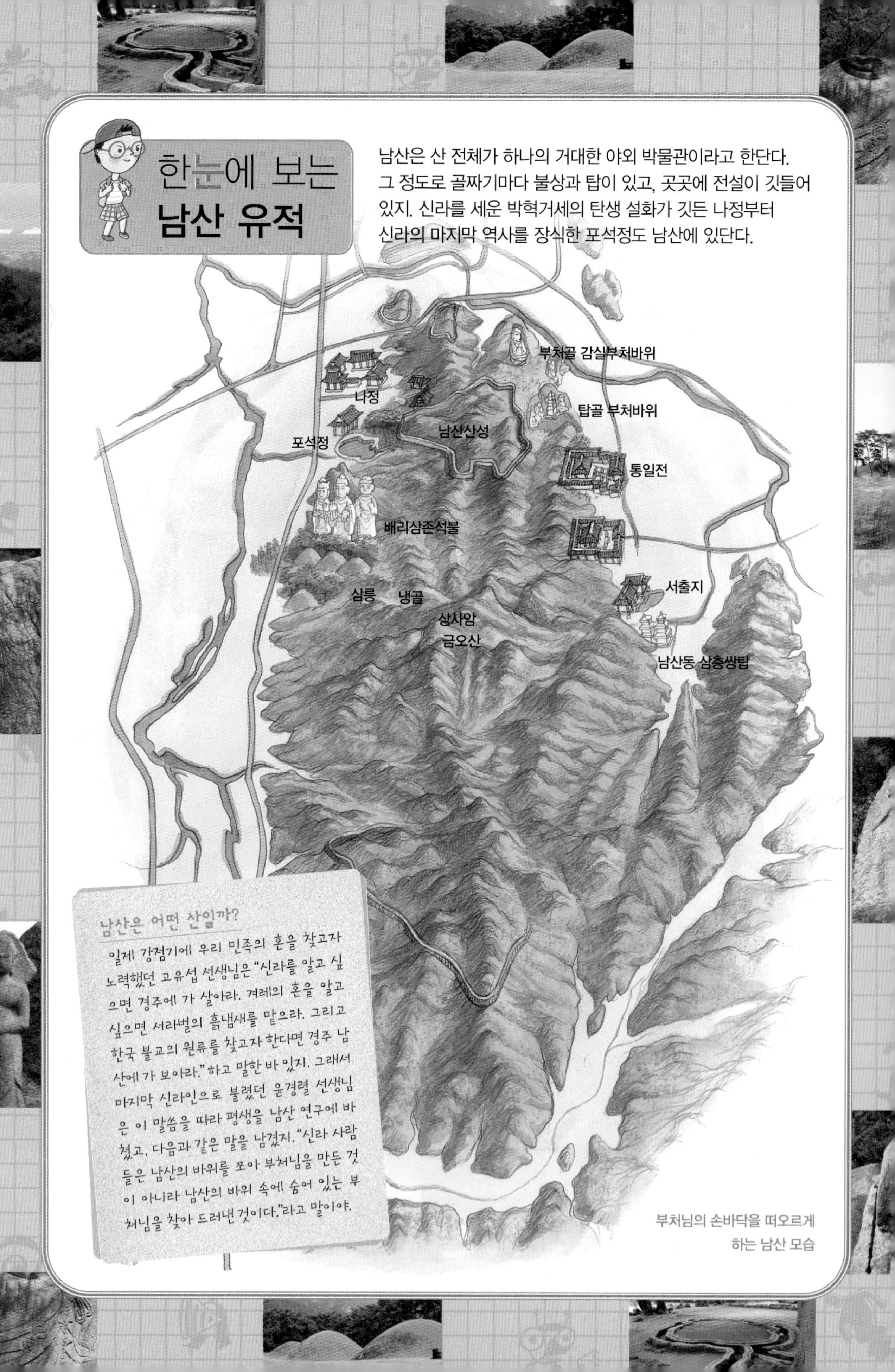

남산은 어떤 산일까?

일제 강점기에 우리 민족의 혼을 찾고자 노력했던 고유섭 선생님은 "신라를 알고 싶으면 경주에 가 살아라. 겨레의 혼을 알고 싶으면 서라벌의 흙냄새를 맡으라. 그리고 한국 불교의 원류를 찾고자 한다면 경주 남산에 가 보아라." 하고 말한 바 있지. 그래서 마지막 신라인으로 불렸던 윤경렬 선생님은 이 말씀을 따라 평생을 남산 연구에 바쳤고, 다음과 같은 말을 남겼지. "신라 사람들은 남산의 바위를 쪼아 부처님을 만든 것이 아니라 남산의 바위 속에 숨어 있는 부처님을 찾아 드러낸 것이다."라고 말이야.

부처님의 손바닥을 떠오르게 하는 남산 모습

신라 역사의 시작과 끝

신라의 역사를 이야기할 때 빠지지 않고 등장하는 유적지에 가 볼까? 바로 나정과 포석정이야. 이 두 곳은 신라 역사의 시작과 끝을 이야기할 때면 언제나 등장하는 곳이지. 그러나 실제로 가 보면 흔적만 남아 있어서 역사책과는 다른 모습에 실망만 하고 돌아가는 친구들이 많아. 하지만 역사는 지나간 일이라는 사실을 기억했으면 좋겠구나. 유적들은 지나간 세월만큼 닳고 사라졌어. 그래서 답사를 할 때 가장 필요한 것이 바로 상상력이란다. 경주에 답사 온 친구들은 이곳이 들려주는 역사 이야기에 귀를 기울이며, 그 흔적을 눈여겨보았으면 좋겠구나. 그러면 놀랄 만큼 흥미진진한 역사 이야기를 만날 수 있을 테니 말이야.

자, 나정부터 먼저 가 볼까?

박혁거세의 신화

박혁거세는 이 나정에서 태어났다고 해. 어떻게 태어났는지 정확히 알 수는 없어. 다만 신라가 세워지기 전 진한의 땅이었던 이곳은 여섯 개의 마을로 나뉘어 촌장들이 각 지역을 다스리고 있었지. 그러던 어느 날 그 중 고허촌장이 나정 옆에 흰 말이 꿇어 앉아 절하는 모습을 보았고, 가까이 가서 보니 우물 옆에 한 개의 알이 있었어. 그 알을 깼더니 사내아이가 나왔는데, 몸에서 빛이 나고 새와 짐승이 춤을 추며, 하늘과 땅이 진동하더래. 6부 촌장들은 하늘에서 내려 준 귀한 아이라고 여겨 잘 길렀어. 그들의 기대만큼 총명했던 아이는 13살 되던 해에 왕이 되었지. 그가 바로 신라를 세운 박혁거세야.

우물 터 대신 발굴된 팔각건물 터

하늘에서 본 나정 발굴현장

나정

박혁거세의 탄생설화만 간직했을 뿐, 이곳이 나정이라는 비석만 덩그러니 있어 볼 게 없는 유적지라 사람들에게는 관심 밖이었지. 그런데 이 곳에서 우물터 대신 건물터와 다양한 유물이 발굴되면서 최근 고고학계의 큰 관심을 받고 있단다.

박혁거세의 건국 신화가 전해지는 나정

신라는 누가 세웠지? 바로 박혁거세야. 박혁거세는 이 나정에서 태어났다고 해. 얼마 전까지 이곳에는 조선 후기에 세운 비석이 하나 있었어. 그 비석에는 박혁거세가 태어난 신화와 함께 이곳에 우물터가 있었다는 내용이 새겨져 있었지. 그런데 재미있는 것은 최근에 나정을 발굴해 보니, 박혁거세와 관련된 우물터가 확인되지 않았다는 거야. 대신 이곳에서 제사를 지냈던 팔각 건물터가 자취를 드러냈지. 이곳은 박혁거세의 신화가 깃든 곳이라지만, 그것이 정말인지 알 수는 없어. 다만 분명한 것은 이곳에서 왕들이 제사를 지냈다는 사실이야.

여기서 **잠깐!**

신화 다시 생각해 보기

박혁거세는 알에서 태어났어. 더불어 석탈해와 김알지도 알에서 태어났지. 그런데 정말 알에서 태어났을까? 왜 알에서 태어났다고 한 것일까?

A : 알은 하늘에서 내려온 신비한 존재처럼 느껴지기 때문이지.

B : 옛날 사람들은 알이 풍요를 상징한다고 여겼기 때문이야.

C : 탄생부터 다른 사람들과 달라야 했기 때문이지.

내 생각 :

___

___

옛날 왕들은 제사를 많이 지냈단다. 왕은 하늘의 자손이라고 여겼기 때문이고, 나라의 안정을 바랐기 때문이지. 그래서 제사는 중요한 나랏일 중 하나였어. 그렇다면 혹시 이곳은 나라를 세운 박혁거세에게 제사를 지내던 사당은 아니었을까? 이곳이 제사를 지내던 곳이었을 거라는 가능성은 포석정이 더 더해준단다. 포석정으로 가 보자.

포석정

이곳에서는 유상곡수를 치렀단다. 유상곡수란 흐르는 물에 잔을 띄워 보내준 잔이 흐르다 머무는 곳에 앉은 사람이 시를 짓는 의식이지.

신라 멸망의 비운이 서린 곳, 포석정

포석정은 전복 껍데기를 닮았다고 해서 붙여진 이름이야. 63개의 돌을 조각해 물길을 만들었는데, 이곳에 물을 흐르게 하여 술잔을 띄우면 12곳 정도에서 술잔이 머물렀다고 해. 포석정 내 술잔이 돌던 물길은 무려 6미터나 된단다. 그런데 지금은 물을 끌어들이는 장치도 사라지고 덩그러니 포석정만 있을 뿐이지.

포석정이 유명한 것은 신라 말 후백제의 견훤이 쳐들어 왔을 때 신라의 경애왕이 이곳에서 죽었기 때문이야. 이 슬픈 신라의 마지막 역사는 고려와 조선 시대를 거치면서 많은 사람들에 의해 시로 남겨졌지. 그 내용을 살펴보면 포석정은 신라 왕들의 놀이터이고, 경애왕은 포석정에서 잔치를 하다가 견훤에게 죽었다는 것이야. 그래서 신라는 멸망하게 되었다는 것이지.

포석정의 설화, 어무상심

신라 헌강왕 때의 일이었어. 헌강왕은 포석정에서 신하들과 있었는데, 갑자기 '상심'이라는 남산의 신이 나타나 포석정에서 춤을 추었지. 그런데 이 신은 오직 왕에게만 보였다고 해. 신하들이 궁금해서 신이 어떻게 춤을 추었냐고 묻자, 왕이 직접 그 춤을 흉내 내며 따라 했대. 신하들에게는 헌강왕의 춤이 인상 깊었고, 그 춤의 이름을 '어무상심'이라 지었지.

그런데 정말 사실일까? 〈어무상심〉이라는 설화에서 알 수 있듯이 왕과 신하들은 이곳에서 남산의 신에게 제사를 지냈어. 포석정 아래에는 나라에 충성했던 신하들의 사당이 세워졌고 화랑들이 몸과 마음을 단련시키기 위해 수련하기도 했어. 이런 곳이 왕의 놀이터일 리도 없지만, 무엇보다 견훤이 신라를 쳐들어와 경애왕을 죽게 한 때는 음력 11월이라는 사실이지. 과연 어떤 왕이 그런 비상 시국에, 그것도 한 겨울에 야외에서 잔치를 하고 있었을까? 혹시 나라의 운명이 다급해지자 제사를 지내기 위해 이곳에 행차했던 것은 아닐까? 너희의 생각은 어떠하니?

남산 답사의 진수, 냉골

남산을 오르면서 가장 많은 불상을 보고 싶으면, 삼릉 앞에서 들어가는 냉골(삼릉골)로 올라가 보자. 냉골에서 금오산 정상을 따라 용장계곡으로 내려오면 하루 답사로 적당하지만, 친구들에게는 위험한 산길이니, 이 책에서는 냉골 입구에서 상사암까지만 소개하도록 할 거야. 이제 왕복 3시간 정도 되는 냉골 계곡을 따라 부처님을 만나러 가 보자.

포석정에서 다시 남쪽으로 가면 서남산에서 가장 유명한 삼릉이 나와. 사람들은 냉골을 삼릉계곡이라고도 해. 운치 있는 소나무 숲이 그만인 곳이지. 그런데 삼릉은 누구 누구의 릉일까? 신라의 8대 아달라왕, 53대 신덕왕, 54대 경명왕 등 박씨 왕 3명의 왕릉으로 전해오고 있어. 삼릉 남쪽으로 작은 개울을 지나면 견훤에 의해 억울하게 자결한 55대 경애왕릉이 있어.

삼릉
신라의 8대 아달라왕, 53대 신덕왕, 54대 경명왕 등 박씨 왕 3명의 왕릉으로 전해오고 있어.

섬세한 조각 석조여래좌상과 마애관음보살상

석조여래좌상

마애관음보살상

냉골 입구에서 20분 정도 올라가면 가장 먼저 만나는 것은 목이 없는 부처님이야. 큰 바위 위에 돌로 만든 불상이지. 머리와 손, 발 모두 떨어져 나갔지. 40여 년 전 바로 옆 계곡에서 발견된 것을 현재의 자리로 옮겨 놓았어. 불상이 원래 있었던 자리는 아직 찾을 수가 없지. 과연 어디일까? 올라가면서 주변을 잘 살펴보면 새로이 찾을 수도 있을지 몰라. 이 불상을 보다가 왼쪽으로 고개를 돌리면 바위에서 바로 빠져나온 듯한 보살상이 있어. 화관을 쓰고 정병을 들고 있는 것으로 보아 관음보살상이라는 걸 알 수 있지.

바위 위의 그림 선각삼존불입상과 선각삼존불좌상

선각삼존불입상과 선각삼존불좌상

석조여래좌상이 있는 곳에서 계곡 옆길을 따라 10분 정도 올라가면 흔히 선각육존불이라고 불리우는 곳이 나타나. 하지만 이 불상의 정확한 이름은 선각삼존불입상과 선각삼존불좌상이란다. 15미터의 넓은 바위에 얇은 선으로 그림을 그리듯 불상을 새겼지. 앞쪽으로 튀어나온 서쪽 벽은 부처님이 서 있고 보살들이 양쪽에서 꽃을 공양하고 있어. 반대로 동쪽 벽에는 넓은 연꽃 위에 앉아 있는 부처님을 중심으로 양쪽으로 보살이 서서 공양하고 있지. 다듬지 않은 바위에 새겨 불상이 마치 바위 속에서 천천히 모습을 드러내는 것 같지 않니? 불상 위쪽으로 올라가면 빗물이 불상 쪽으로 흐르지 않도록 홈을 길게 판 흔적이 있어. 또 동쪽 벽에는 오각형의 홈도 있지. 이것은 나무 기둥을 세우고 지붕을 덮었다는 것을 알 수 있는 증거야. 꼭 확인해 보렴.

새롭게 복원된 불상, 석조여래좌상

석조여래좌상

다시 오르막길을 따라서 100미터 정도 오르면 새로

이 복원된 불상이 보여. 광배는 부서지고, 턱 부분이 시멘트로 보수된 채 긴 세월을 지내왔으나 2008년 12월에 복원되었어. 없어진 턱 부분을 맞추려고 3D 촬영과 과학적인 방법을 총동원했단다. 남산에는 무너진 탑과 불상 복원이 계속 이루어지고 있어. 너희들도 커서 이런 복원 분야를 연구해 보지 않을래? 정말 흥미로울 거야.

선각여래좌상

얼굴이 뚱뚱한 부처님, 선각여래좌상

새롭게 복원된 석조여래좌상 뒤쪽에는 자그마한 굴이 있어. 그 옆쪽으로 좁은 길이 있지? 그곳으로 가면 큰 자연 바위에 선으로 새긴 불상이 있단다. 약간 특이하게 생겨 우스워 보여. 고려 시대 불상이라 지금까지 본 불상과는 표정이 다르지. 얼굴은 뚱뚱해 보이고, 자애로운 표정도 별로 없어.

상선암 마애석가여래좌상

이제 석조여래좌상이 있는 곳으로 다시 와 20분쯤 쉬지 않고 남산을 오르면 상선암이라는 절 위에 커다란 불상이 있어. 5미터의 높이에 얼굴은 입체로 만들어져 있지만, 몸과 옷자락은 선으로 새겨 평면적으로 만들었지. 아주 재미있는 것은 밑에서 보면 근엄한 표정이지만, 위에서 촬영한 모습에는 즐겁게 웃고 있는 표정이야. 정상으로 올라 건너편 바위 정상(상사암)에서 보면 경주평야의 장관이 펼쳐지지.

상선암 마애석가여래좌상

우리의 냉골 답사는 여기까지란다. 상사암에서 금오산으로 오르면, 다시 약수골과 용장사, 신선암을 지나 칠불암과 남산동의 삼층 석탑, 서출지로 다다르는 길로 이어지지. 남산을 종주하지 못해 아쉽지만, 나중에 기회가 된다면 꼭 남산에 다시 올라 곳곳에 숨어 있는 불상과 탑을 찾아보렴. 자, 이제 남산에서 빼 놓을 수 없는 탑골 부처 바위를 만나러 가 보자.

소박한 할매 부처, 감실부처바위

냉골에서 많은 부처님을 만나고 되돌아 나와 국립경주박물관쪽으로 가자. 박물관을 좀 지나면 '남산 불곡 석불좌상'이라는 이정표를 만날 수 있단다. 이곳 대나무 숲에 그 유명한 부처골 할매부처가 있지. 우리 한 번 가 볼까?

감실부처바위를 둘러싼 대나무 숲

부처골 할매부처

이정표가 있는 곳에서 산길을 따라 400미터 정도 오르면 바위 속에 앉아 있는 부처님을 만날 수 있단다. 다소곳이 숙인 얼굴, 초생달 같은 눈썹, 살며시 감은 듯한 눈, 팔짱을 낀 두 손, 너무나 자연스럽고 편안한 모습이지. 옷자락이 두껍고 어린아이와 같은 미소를 모두 머금고 있지. 모두 할매부처라 불러. 정감있고 마음씨가 너무나 좋은 할머니 같지 않니?

가까이 가서 육계가 솟은 머리를 자세히 보면 붉은 색을 칠한 듯한 흔적이 남아 있어. 바위를 파내어 불상을 조각했지만 바깥부분은 그대로 남겨 두어 자연과의 조화를 이룬 선조들의 작품을 감상해 보자. 보름달 밝은 밤에 가서 보면 더욱 좋아. 달빛이 깊은 명상에 빠진 부처님을 살며시 드러내거든.

부처님의 세상, 탑골부처바위

옥룡암
이곳은 신라 시대에 신인사라는 절이 있던 곳이야. 지금은 터만 남아 있고 이 옥룡암 뒤에 불교 세계가 조각된 부처바위가 있단다.

비천상
하늘을 날고 있는 천사란다.

천개
햇빛을 가려 주는 덮개란다.

부처골 입구에서 남천변의 도로를 따라 남쪽으로 약 300미터 정도 가면 탑골 마을이 있고 작은 내가 흐르고 있지. 이 내를 따라 5분 정도 남산을 오르면 옥룡암이란 사찰 뒤쪽으로 30미터에 이르는 엄청나게 큰 바위가 소나무 숲 사이에 있어. 이곳이 그 유명한 탑골 부처바위로, 바위 전체에 다양한 조각들을 도드라지게 새겨 놓았단다.

부처바위를 한번 살펴볼까? 동쪽면은 하늘에서 내려오는 천사들과 부처님, 그 아래 경배 드리는 스님, 보리수 밑에서 수도하는 스님, 불국토를 지키는 금강역사상이 자리하고 있어. 북쪽면은 구층탑과 칠층탑 사이로 설법하는 부처님과 비천이 있고, 그 아래 사자 2마리가 있지. 북쪽면 부처님 머리 위에 있는 것은 무엇일까? 천개라고 해. 더운 나라에서 햇빛을 가려 주는 덮개이지만, 우리나라에서는 높은 신분을 돋보이게 하려고 한 장식이란다. 절 금당이나 대궐의 옥좌 위에는 반드시 천개를 올렸지.

서쪽은 어떨까? 서쪽면은 비천상 아래로 보리수 사이에 앉아 있는 부처님이 있어. 뒤를 돌아 올라가면 남쪽면이 나와. 서로

부처바위
높이 9미터, 둘레 30미처 정도의 커다란 바위에 탑과 불상, 스님과 비천상 그리고 사자상까지 무려 30여 개의 조각들이 새겨져 있어.

다른 바위에 삼존상과 스님이 앉아 있지. 그리고 발과 신체를 분리하여 만든 특이한 여래상이 있어. 넓은 가슴에 허리는 가늘어. 모든 불상은 바위면에 새겨 만들었지만 이 불상만 따로 있단다. 그리고 삼층석탑이 서 있지.

기념사진을 찍자.

부처 바위 중 가장 마음에 드는 조각은 어떤 것이니? 가장 인상 깊은 조각을 사진 찍어 간직하렴.

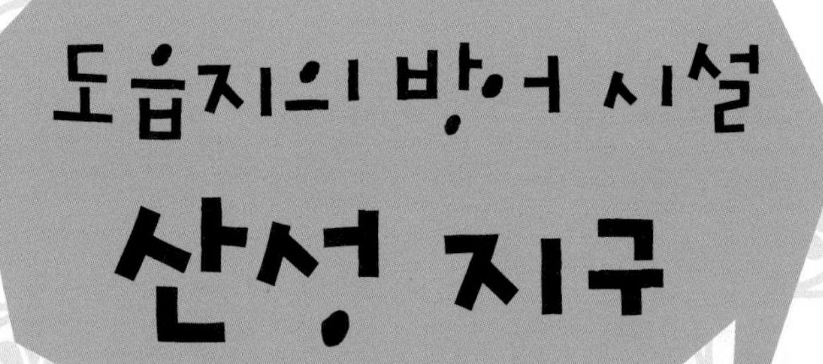

◀ 대왕암

명활산성 ▶

◀ 불국사

이제 우리가 둘러볼 경주역사유적지구는 산성 지구만 남아 있구나. 산성 지구에는 명활산의 명활산성 유적지만 있단다. 명활산성을 둘러보고 난 뒤, 세계문화유산인 경주역사유적지구로 지정받지 않았다고 하더라도 빼놓을 수 없는 중요한 유적지를 찾아가 보자. 경주에 있지만, 경주역사유적지구와 상관없이 또 다른 세계문화유산으로 지정받은 불국사와 석굴암과 호국의 염원을 담은 대왕암과 감은사에도 가 보도록 하자.

왕경을 지키는 염원

경주에는 신라 수도를 방어하기 위한 산성이 사방에 있단다. 초기의 신라 성들은 흙과 돌을 섞어 쌓았지만, 나중에는 주로 돌로 산성을 만들었지. 남산성, 선도산성, 북형산성, 부산성 등과 함께 명활성은 수도 경주를 방어하는 데 큰 몫을 담당했지. 월성에서 살던 왕들은 전쟁이나 난리가 나면 산성으로 대피하였단다.

경주를 지키고자 하는 바람은 산성뿐 아니라 경주 유적지 여기 저기에서 발견할 수 있지. 대표적인 경우가 불국사와 석굴암이지. 나라가 어려움에 빠질 때면 신라 사람들은 부처님의 힘을 빌려 백성들의 마음을 모으고, 혼란에 빠진 나라를 지키고자 했단다. 삼국 통합을 이룬 문무왕 역시 동해의 용이 되어 나라를 지키겠다는 유언을 남겼어. 그리고 자신을 화장해 대왕암에서 장사 지내게 했지.

그럼, 이제 나라를 사랑하는 신라 사람들의 마음이 가득한 유적지로 가 보자.

왕경을 방어하던 명활산성

명활산은 신라 초기부터 신성시 되던 산이란다. 정상부 능선을 따라 초기에는 흙성으로 쌓았다가 돌성으로 고쳐 쌓았어. 언제부터 사용했는지 알 수는 없지만, 405년 왜구의 공격을 이곳에서 막아 낸 것으로 보아 그 이전에 만들어진 것은 틀림없는 듯하구나. 그리고 30년 뒤인 눌지왕 때에도 이곳에서 왜군의 포위 공격이 있었단다. 5세기 후반인 자비왕 때는 13년간 이곳으로 왕성을 옮겼으며, 진흥왕, 진평왕 때에도 다시 지어 사용했지. 따라서 매우 중요한 방어 시설이라 볼 수 있어. 하지만 비담의 난이 진압된 이후에는 명활산성 대신 남산산성이 왕경을 지키는 중심 산성으로 활용되었지.

경박 200707-90, 국립경주박물관

명활산성작성비

비석에는 산성을 쌓는데 관여한 지방관리, 사람들을 동원한 마을 촌주, 공사 기간 · 내용 · 실무자 및 비문을 작성한 사람 이름 등이 9행 148자로 상세하게 기록되어 있어. 신라 사람들의 강한 책임 의식을 엿볼 수 있지.

김유신과 비담의 난

비담의 난이란 무슨 일이었을까? 선덕여왕 때의 일이었어. 높은 관직인 상대등 비담은 여자가 왕위에 오른 것을 무척 못마땅하게 여겼지. 그래서 선덕여왕을 반대하며 왕위를 노리고 반란을 일으켰어. 그 때 김유신은 월성에서 선덕여왕을 보호했지. 그러던 어느 날 월성으로 큰 유성이 떨어진 거야. 땅에 떨어진 유성이 선덕여왕이라며, 백성들은 동요하기 시작했지. 그 때 김유신이 꾀를 썼어. 허수아비를 만들어 큰 연에 붙이고 불을 댕겨 하늘에 띄운 거지. '어제 떨어진 별이 다시 하늘로 올라갔다.' 고 소문 낸 후 백마를 잡아 제사도 지냈단다. 그러자 군사들의 사기가 되살아났지. 김유신은 명활성으로 쳐들어가 비담과 반란자들을 잡았고, 죄인은 9족까지 멸하는 중죄로 다스렸다고 해.

비담의 난
비담의 난을 진압한 김유신은 신라의 군사 실권을 장악하고 막강한 힘을 가지게 되었단다.

9족
본인을 중심으로 9대에 걸쳐 직계 친족을 뜻해. 고조부모, 증조부모, 조부모, 부모, 본인, 아들, 손자, 증손, 현손 등 가리키는 말이지.

명활산성
명활산성은 명활산 골짜기를 감싸고 있는 산성이야. 성문은 7개이고, 물이 빠지는 수문터가 4개란다. 석축 이전의 흙으로 쌓은 성벽에는 문터 3개와 수문 1개가 있지.

부처님의 나라, 불국사와 석굴암

무구정광대다라니경
현재 남아 있는 목판 인쇄물 중 가장 오래된 유물이란다.

불국사와 석굴암은 토함산에 있단다. 경주에서 가장 높은 토함산은 경주의 동쪽을 둘러싸고 있어서 왜구의 침입을 막는 중요한 산이지.

불국사는 석굴암과 더불어 1995년 우리 나라 문화유산 중에서 처음으로 유네스코 세계문화유산으로 지정되었지. 신라의 수준 높은 문화 솜씨가 세계적으로 인정받은 뜻 깊은 일이었어. 두 유적지 중 먼저 불국사로 가 보자.

불국사와 석굴암은 경덕왕 때 김대성이 만들었다고 전해진단다. 부모님을 위해 세웠다고 하지만, 그보다 부처님의 힘으로 나라를 지키려고 했던 것은 아니었을까?

부처님의 나라, 불국사

지금으로부터 약 1천 3백여 년 전에 세워진 불국사는 이름 그대로 신라 사람들이 꿈꾸던 부처님의 나라란다. 불국사는 고려와 조선을 거치면서 여러 차례 수리되고, 다시 세워져 신라의 옛 모습을 거의 잃었지만, 아직도 부처님을 향한 신라 사람들의 마음을 읽기에는 충분하지.

청운교와 백운교
부처님의 나라로 가는 다리란다. 그 아래 석축은 마치 구름처럼 하늘에 떠 있는 부처님의 세계를 떠 받들고 있는 듯하지.

대웅전
조선 시대의 건축물이지만, 불교 건축물의 아름다움이 잘 표현된 건축물이지. 대웅전 안에는 석가모니가 안치되어 있단다.

석가탑
불국사의 석가탑은 석가모니를 상징하는 탑이란다. 3층의 단아한 모습을 하고 있는 석가탑에서는 무구정광대다라니경과 아래의 진귀한 사리장엄구 등이 발굴되었단다.

불국사의 입구인 일주문과 천왕문을 지나면 숲길이 끝나는 곳에 무엇이 있니? 오른쪽에는 청운교와 백운교, 왼쪽에는 연화교와 칠보교가 보이지. 이 돌다리들은 신라 시대에 만들어진 그대로란다. 계단처럼 보이는데, 무슨 다리이냐고? 신라 시대에 저 다리 밑으로 깨끗한 물이 흘렀단다. 그래서 부처님의 세계와 사람들이 사는 땅을 이어 주는 다리의 역할을 했던 것이지.

저 다리를 지나면 부처님의 세계에 다다를 수 있어. 청운교와 백운교 건너에는 석가모니가 있는 대웅전이 있고, 연화교와 칠보교 건너에는 극락의 부처님인 아미타불이 있는 극락전이 있단다. 그리고 대웅전과 극락전 뒤에는 진리와 빛을 상징한다는 비로자나불이 있는 비로전이 있지. 불국사는 이처럼 세 부처님을 중심으로 세 개의 부처님 나라로 이루어져 있단다. 불국사를 둘

여기서 **잠깐!**

소원을 빌어 보자.

대웅전과 비로전의 사이에는 관음전이 있단다. 관음전에는 자비로움으로 사람들을 괴로움에서 구원한다는 관세음보살이 있지. 사람들은 어려운 일이 생기면, '나무 아미타불 관세음보살'이라고 하는데, 그건 관세음보살이 소원을 잘 들어주기 때문이야. 관세음보살을 표현한 보살상을 자세히 살펴보고, 마음의 소원을 한 가지씩 빌어 보렴.

극락전 금동아미타여래좌상
신라 시대의 불상을 반영한 금동아미타여래좌상은 금동비로자나불좌상과 함께 불국사에서 가장 오래되고 중요한 불상이란다.

다보탑
석가탑과는 다르게 굉장히 화려한 모습을 하고 있지? 다보탑은 보석으로 치장한 다보여래를 상징한 탑이란다. 네 마리 돌사자 중 지금은 한 마리만 남아 있지.

관음전에서 본 다보탑
보수와 재건 공사가 거듭되면서 불국사는 옛 모습은 많이 잃었지만, 관음전 앞에서 신라 시대 모습을 상상해 보자.

불국사 부도
비로전 앞에는 고려 시대 부도가 있단다. 부도에는 스님의 사리가 보관되어 있지. 아름다운 부도를 꼭 감상해 보렴.

불이
부처님과 내가 둘이 아닌 하나란 뜻이란다.

러 보았다면, 꼭 해탈문인 불이문으로 나가자. 이제 부처님과 하나가 되어 지혜로운 삶을 살 수 있을 거야.

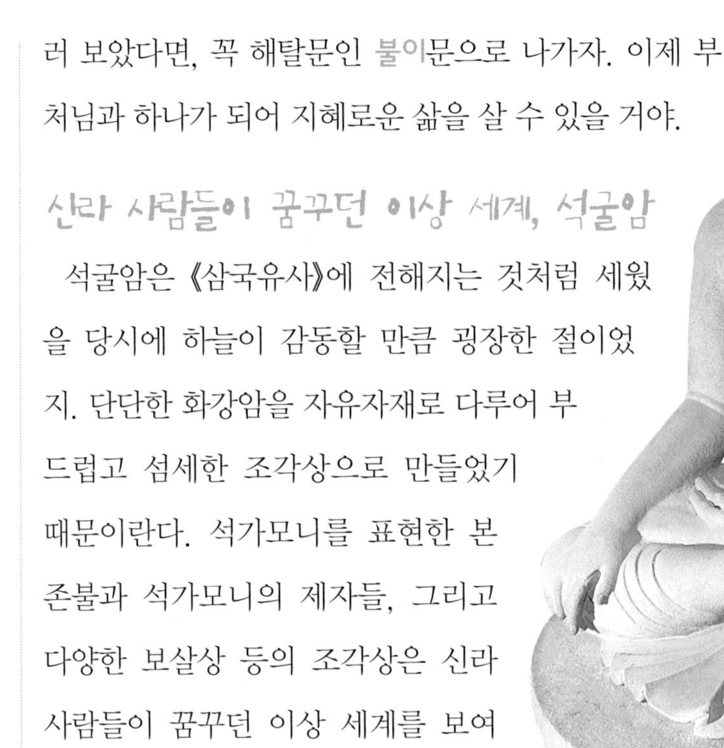
석굴암 본존불

신라 사람들이 꿈꾸던 이상 세계, 석굴암

석굴암은 《삼국유사》에 전해지는 것처럼 세웠을 당시에 하늘이 감동할 만큼 굉장한 절이었지. 단단한 화강암을 자유자재로 다루어 부드럽고 섬세한 조각상으로 만들었기 때문이란다. 석가모니를 표현한 본존불과 석가모니의 제자들, 그리고 다양한 보살상 등의 조각상은 신라 사람들이 꿈꾸던 이상 세계를 보여 주고 있지. 그러면서도 바다가 가까워 습기가 많은 산에 세워졌지만 석굴 내부는 습기가 차지 않게 과학적으로 만들어졌난다. 이 과학성은 신라역사과학관에서 꼭 확인해 보도록 하렴.

석굴암의 부처님은 존경의 대상에서 보호의 대상이 되어 버렸어. 너무도 어처구니 없게 변해 버린 세계 최고의 걸작품!

그러나 석굴암은 일제 강점기를 거치면서 훼손되고 말았지. 석굴암에 반한 일본은 해체해서 석굴암을 일본으로 가져가려고 하다가 여의치 않아 복원공사를 하기로 했어. 그 때 신라 사람들의 과학성을 이해하지 못하고, 습기를 막겠다며 석굴암을 시멘트로 덮어 버렸단다. 오히려 공기 순환이 안 되고, 끊임없이 습기가 차면서 석굴암은 빠르게 훼손되기 시작했어. 광복 후 우리 힘으로 다시 한 번 보수 공사를 하면서 시멘트 위에 또 시멘트를 덧발라 석굴암은 이제 영영 제 본모습을 잃고 말았단다.

석굴암

신라역사과학관

유리막에 가려진 석굴암을 자세히 볼 수 없어서 아쉬웠다면 신라역사과학관에 가 보자. 이곳은 신라가 남긴 유산 중 첨성대나 석굴암, 신라 동종이 왜 훌륭한 과학문화유산인지를 다양한 모형으로 자세히 보여 주는 전시관이란다. 뿐만 아니라 신라 시대 경주를 재현한 왕경도가 있어서 신라 시대의 과학과 생활상을 이해하는 데 큰 도움을 얻을 수 있지.

신라역사과학관에서 가장 주목받는 전시물은 무엇보다도 석굴암의 모형이야. 석굴암에 여러 각도에서 분석한 다양한 모형들을 보면 석굴암은 더 이상 유리창 안에 갇혀 있는 문화유산이 아니란다. 꼼꼼히 둘러보며 석굴암의 모든 것을 알아 보렴.

신라역사과학관
보문단지에서 불국사 가는 길인 민속공예촌 안에 있는 신라역사과학관에서는 유물에 대해 친절한 설명을 해 준단다.
홈페이지 www.sasm.or.kk

신라역사과학관의 전시물

신라역사과학관

왕경도
가로 6미터, 세로 2.5미터 크기로 그려진 신라 시대 경주의 조감도란다. 고고학의 고증을 충분히 거쳐 그린 상상화로 옛 경주의 모습을 상상해 볼 수 있지.

신라역사과학관

첨성대 모형
첨성대를 5분의 1로 축소한 모형이란다. 첨성대의 내부는 어떠한지, 첨성대를 어떻게 올라가고, 어떻게 사용하였는지에 대해 짐작해 볼 수 있지.

신라역사과학관

석굴암 모형
얼마나 과학적으로 건축했는지를 알 수 있는 모형이란다. 그리고 어떻게 훼손되었는지 또 얼마나 아름다운 조각상이 있는지 확인해 보렴.

아늑한 무덤, 괘릉

이 무덤은 왕의 시신을 물 위에 두어 장례를 지냈다고 해서 괘릉이라고 한단다. 누구의 무덤인지는 정확하게 밝혀지지 않았지만, 기록에 비추어 신라의 원성왕이 묻혀 있을 것이라는 추측하고 있지.

괘릉은 전설도 독특하지만 신라 왕릉 가운데 가장 다양한 조각을 볼 수 있는 곳이기도 해. 우리가 대릉원에서 봤던 무덤과는 사뭇 다르지? 이 무덤은 신라 후기의 것이란다. 무덤은 그리 크지 않지만 호석을 둘러 화려하게 꾸몄고, 무엇보다 봉분뿐 아니라 무덤을 지키는 수호신들까지 있지. 먼저 능에 들어가면 우리는 망주석과 같은 돌기둥을 볼 수 있어.

무인상
이목구비가 뚜렷하고 곱슬 머리를 가진 이 사람은 아라비아 사람의 모습을 닮았지. 불끈 솟은 근육 에 우람한 체형, 칼을 차고 있는 모습이 꽤 씩씩해 보이지?

그 뒤로 우리와 다른 모습을 한 무인석과 문인석을 확인할 수 있단다. 가까이에 가서 한번 볼까? 무인석의 얼굴을 보면 우리나라 사람이라기보다는 외국 사람의 얼굴을 하고 있지. 왜 외국인이 신라 왕의 무덤을 지키고 있느냐고? 그건 당시 신라가 외국과 활발한 교류를 했기 때문이란다. 저 무인상은 아마도 아라비아에서 온 신라 왕의 경호원을 조각한 것은 아니었을까? 그 옆에 문인

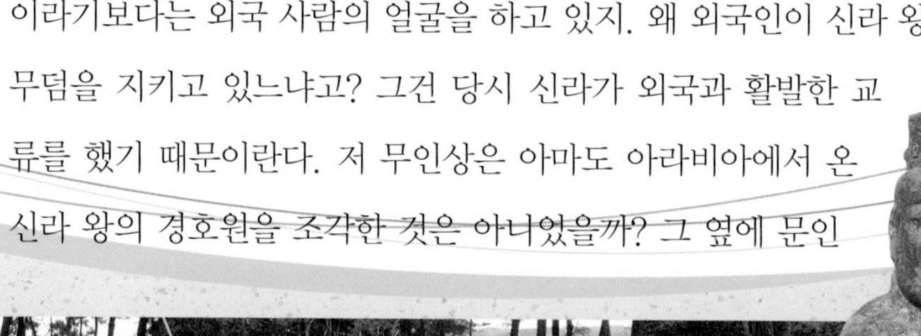

괘릉을 지키는 돌사자 네 마리
네 마리 돌사자는 동서남북을 각각 바라보며 네 방향을 지키고 있단다. 장난기가 가득한 얼굴로 엉덩이를 살짝 뒤로 젖히며, 놀아달라고 조르는 것 같은 돌사자도 있지. 어찌나 귀여운지 안 쓰다듬어 줄 수가 없지만, 소중히 아껴야 할 문화유산이니 올라타지는 말자.

문인상

상을 한번 볼까? 옷차림이 섬세하고 사실적으로 조각되어 있지? 이 옷차림으로 당시 신라 사람들의 관복이 어땠는지 알 수 있단다. 이렇게 두 조각상을 통해 우리는 신라 시대에 경주가 활발한 국제도시였다는 사실과 뛰어난 조각 기술을 가진 나라였다는 것을 알 수 있지.

소나무 숲에 아늑하게 안치된 괘릉의 봉분을 돌아보며 12지신상의 조각도 눈여겨보도록 하렴.

괘릉의 봉분
능 자체는 호석으로 둘러 싸여 있으며 호석에는 십이지 신상이 조각되어 있단다. 또 봉분 주위에는 물이 흐르는 물길도 있어서 물 위에 왕의 유해를 두었다는 전설을 증명시켜 준단다.

기념 사진 찍기

소나무 숲에 둘러 싸인 괘릉은 경주에서도 손꼽히는 아름다운 왕릉이야. 그래서 사진도 무척 예쁘게 나오는 곳 중 하나란다. 괘릉을 배경으로 좋은 추억을 남겨 보렴. 괘릉의 봉분을 배경으로 찍어 봐도 좋고, 돌사자 중 가장 마음에 드는 조각상과 기념 사진을 찍어 보자.

나라를 지키는 마음, 대왕암

대왕암과 감은사
감은사는 바다로 나가는 길목에 자리잡고 있어. 신라 시대에는 감은사 앞까지 바닷물이 들어왔단다. 신문왕은 경주에서 여기까지 먼 길을 배를 타고 왔지.

자, 이번에는 경주 시내를 벗어나 동해 앞바다로 왔구나. 이곳은 나라를 지키고자 한 문무왕의 마음이 깃든 유적지란다. 문무왕은 살아 있을 때 늘 자신은 죽은 뒤, 큰 용이 되어 부처님의 뜻을 받들고, 나라를 지키겠다고 말했대. 그래서 자신을 화장시키고, 바다에서 장사를 지내라고 했지. 문무왕의 아들 신문왕은 아버지의 유언대로 문무왕을 화장한 다음, 감포 앞바다 바위섬에서 장사를 지냈다고 해. 그리고 죽어서도 나라를 걱정하고 염려하는 문무왕의 마음에 보답하고자 감은사라는 절을 세웠지.

그런데 대왕암이 문무왕의 무덤인지, 아니면 유골을 뿌린 곳인지 정확하지 않아. 대왕암을 한번 살펴볼까? 바위의 가운데가 십자(+) 모

감은사 터
이름에서 알 수 있듯이 감은사는 문무왕의 은혜를 기리기 위해 세운 절이란다. 그래서일까? 금당터를 보면, 다른 절과는 달리 땅 위에 바로 건물을 세운 게 아니라 건물 아래 빈 공간이 생기도록 돌단을 쌓아 그 위에 금당을 세웠지. 이런 구조로 건물을 만든 것은 바다의 용이 된 문무왕이 머물 수 있도록 하기 위해서란다.

감은사 3층석탑
국보로 지정된 이 석탑은 무려 13.4미터나 되는 탑으로 위풍당당이라는 말을 실감하게 해 주는 모습을 하고 있지.

양으로 패어 있지. 그 십자(+) 가운데 큰 돌이 있는데, 이 돌 밑에 화장한 문무왕의 유골을 묻었을 거라고 지금껏 많은 사람들은 생각했어. 그런데 세찬 파도가 들이치는 곳에 뼛가루를 묻었을까? 최근 많은 학자들은 대왕암이 무덤이기보다는, 뼛가루를 뿌린 곳일 거라고 생각해. 만약 이곳이 무덤이라면, 세계에서 하나뿐인 수중릉이 되는 셈인데, 그럴 가능성은 희박하지. 대왕암이 무덤이든 아니 든 문무왕은 신라와 백성을 많이 사랑했던 왕이었어. 그건 문무왕이 남긴 유언에서도 알 수 있단다.

대왕암
경주와 가까운 감포 앞, 이 깊고 푸른 바다에는 작은 바위가 있어. 사람들은 이곳이 문무왕을 장사 지낸 곳이라 하여 대왕암이라고 부른단다.

문무왕의 유언

"나는 어지러운 세상과 전쟁의 시대를 만나 서쪽을 무찌르고, 북쪽과 싸운 결과 나라의 안정을 얻었다. 무기를 녹여 농기구를 만들고, 세금을 가볍게 하고, 부역을 덜어 백성들의 생활을 안정시켰으며, 이 나라에 근심과 걱정을 없애고, 창고에는 곡식이 산처럼 쌓이게 되었다. 그러나 나는 이제 병을 얻어 곧 죽게 되었으니, 내가 가고 나면 내 이름만 남겠지. 나랏일은 주인이 한 시라도 비워서는 안 될 것이니, 태자는 곧 왕위를 잇도록 하라. 영웅과 같은 옛 왕은 마침내 한 줌의 흙으로 돌아간다. 목동들이 올라가 노래하거나 여우와 토끼가 구멍을 뚫으니, 무덤이란 것은 한갓 재물을 허비하고 역사책에 비난을 남길지 모른다. 그러니 헛되이 사람들을 고생시키고, 영혼도 오래 머물게 하지 못한다. 그렇게 되는 것은 내가 원하는 바가 아니니, 내가 죽은 지 10일 뒤에 화장하고, 상을 치를 때는 검소하게 하라. 백성에게 걷는 세금 중에서 필요치 않으면 모두 없애고, 율령과 격식에 불편한 것이 있으면 곧 고쳐서 시행하라."

'황금의 나라, 돌의 나라 신라' 답사를 마치고

경주를 잘 돌아보았니? 경주 안에서 세계문화유산으로 지정된 곳만 둘러보기에도 짧은 일정으로는 힘들지. 그러나 화려한 왕들의 껴묻거리, 뛰어난 건축물, 수려한 불상 등 경주를 꼼꼼하게 보려면 아직도 한참을 더 둘러보아야 한단다. 그리고 고고학자들이 앞으로 발굴을 해 나가면 나갈수록 경주는 더욱 더 영화로웠던 모습을 드러내겠지.

경주에 있는 대부분의 왕릉은 주인공이 누구인지, 월성에는 어떤 건물이 있었는지, 신라 사람들은 어떻게 살았는지 아직도 많은 부분을 밝혀내지 못했단다.

하지만 신라 사람들이 다녔던 길을 생각하면서 머릿 속에 옛 경주를 그려 보자. 수많은 불상과 벼랑 위의 석탑, 그리고 높은 산성 성벽은 어떻게 만들었을까? 지금과 같이 좋은 장비도, 전기도 없었을 텐데 말이야. 그것들을 일일이 손으로 만들었다면, 그 수고와 노력이 어떠했을까? 너희가 직접 만든다고 생각하면 엄두도 나지 않을 거야. 그러니 문

화유산에는 우리 선조들이 노력한
피와 땀이 녹아 있는 것이지. 이러한 우리의
문화유산을 소중히 여겨 잘 가꾸고, 외국에 소개하여 널리 알리자.
그리고 우리 후손에게도 잘 물려주어야 하겠지.

100년, 200년 후 우리도 후손들에게 칭찬받을 수 있도록 말이야.

나는 경주역사유적지구 박사!

열심히 경주역사유적지구를 둘러본 친구들, 모두 수고했어.
천 년의 도읍지 경주를 둘러본 소감이 어떠하니?
경주는 많은 역사와 전설, 유적을 가지고 있는 도시이지. 그 곳에서 보고 들은 내용을 한번 뽐내 보렴. 이제부터 얼마나 체험학습을 잘 했는지 스스로 확인해 보자.

1. 유적지의 이름을 써 보자.

경주역사유적지구를 잘 둘러본 친구라면 단 번에 사진만 보고도 이곳이 무엇인지 알 수 있을 거야.
사진을 잘 보고, 각 유적지의 이름을 써 보자.

(　　　　)

(　　　　)

(　　　　)

(　　　　)

(　　　　)

(　　　　)

(　　　　)

(　　　　)

2. 빈 칸을 채워 보자.

다음은 신라 천 년의 도읍지, 경주에 대한 설명이란다. 잘 읽고 빈 칸을 채워 보자.

(1) 경주는 신라의 역사와 문화를 고스란히 담고 있지. 한 지역으로는 다양하고 많은 유적지가 있어 그 점을 평가 받아 유네스코의 (　　　　　　　　)으로 등재되었다.

(2) 경주는 (　　　　) 지구, (　　　　) 지구, (　　　　) 지구, (　　　　) 지구, (　　　　) 지구. 이렇게 다섯 지구로 구분되어 지정받았다.

3. 어떤 곳이 도읍지로 적당할까?

경주는 고대 왕국의 도읍지로 아주 적당한 곳이었어. 왕경도를 보면서 도읍지가 갖춰야 할 조건에 대해 친구들이 대화를 나누고 있네. 각각 어떤 조건인지 괄호에 알맞은 말을 써 보자.

보기

생활, 들, 하천, 적의 침입, 산

4. 다음 글을 읽고 자신의 생각을 말해 보자.

경주는 우리 조상들의 숨결이 담겨 있고, 신라의 역사를 알 수 있는 귀중한 유적지이지. 다음은 경주 유적지에 관한 신문 기사 일부를 발췌한 것인데, 잘 읽고 경주를 어떻게 보존해야 할지 방법을 생각해 보고 자신의 의견을 써보자.

> 천 년의 옛 도읍지 경주가 무분별한 개발로 제 모습을 잃어가고 있다. 경주는 경주역사유적지구와 불국사 · 석굴암이 세계문화유산에 등록될 정도로 신라시대의 찬란한 문화재들이 널리 퍼져 있는 문화유산의 보물창고이다. 경주 지역의 땅을 조금만 파도 천 년 전 신라의 유적들이 쏟아져 나오는데, 최근 아파트 건립 계획안으로 경주가 시끌벅적해지고 있다. 아파트가 들어서려는 지역이 신라 시대의 주거지와 우물 등이 많이 발견 곳이기 때문이다.

경주의 문화재지도 만들기

경주역사유적지구에 잘 다녀 왔니? 그렇다면 경주에 가 본 적이 없는 친구들에게 도움이 될 만한 경주의 문화재 지도를 만들어 보자. 지도를 만들다 보면 답사 내용을 다시 한 번 익힐 수도 있고, 멋진 학교 과제물을 완성할 수도 있으니 도움이 될 거야.

문화재 지도는 이렇게 만들지.

문화재 지도란 말 그대로 문화재의 위치를 나타내고 소개한 지도란다. 그러니 지도를 만들기 위해서는 경주에 답사를 갔을 때 유적지의 모습을 꼼꼼하게 사진 찍어야겠지. 유적지에 대한 소개도 간단히 생각해 두도록 하자. 집에 돌아오면 찍은 사진에 간단한 설명을 붙여 경주 문화재 지도를 완성해 보자.

1. 손으로 쓸까? 컴퓨터로 만들까?

무엇보다 자신에게 익숙한 방법으로 하렴. 중요한 것은 누구나 쉽게 알아볼 수 있도록 깨끗하게 편집해야 한다는 거야.

2. 어떤 유적지를 소개할까?

경주의 유적지는 참 많지? 그 모든 곳을 문화재 지도에 담을 수는 없어. 그럴 때에는 가장 기억에 남는 곳을 중심으로 유적지를 소개하렴.

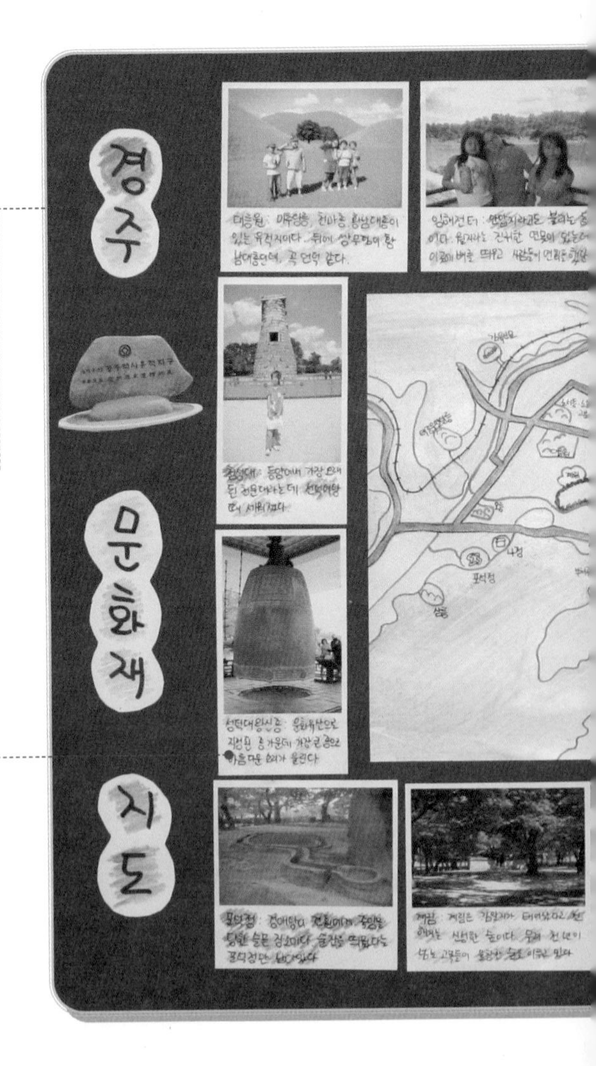

3. 유적지를 어떻게 소개할까?

유적지에 대한 소개는 간단하게 쓰는 게 좋지. 어떤 곳인지에 대한 정보만 담을 수 있도록 말이야. 그런데 유적지 안내판이나 책의 내용을 그대로 베끼지 말고, 자신이 알고 있는 내용만큼만 쉽게 소개해 보렴. 꼭 알려 주고 싶은 내용이 있다면 소개해도 좋단다.

얘들아, 입장권과 안내지를 꼭 챙기고, 사진 찍는 것도 잊지마.

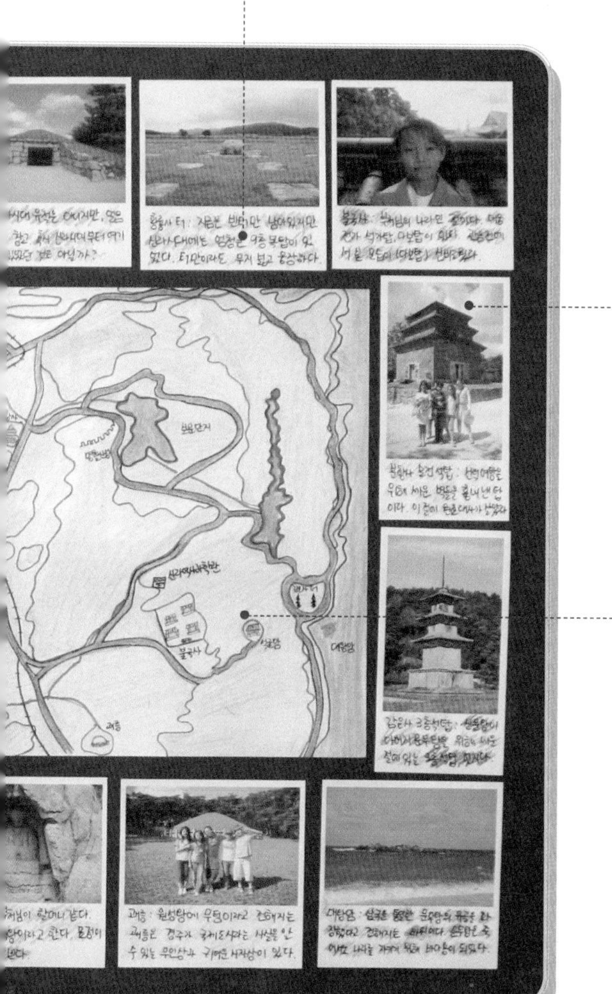

4. 전경 사진으로 할까? 인물 사진으로 할까?

유적지의 사진은 되도록이면 직접 찍도록 하자. 하지만 가끔은 자신과 친구들의 모습이 들어간 유적지 사진을 넣는 것도 좋은 추억이 될 거야.

5. 경주 지도는 어떻게 그려요?

경주 지도는 경주 역이나 터미널 근처에 있는 관광안내소에서 쉽게 구할 수 있단다. 여러분이 직접 경주 지도를 그릴 때 이 지도가 도움을 되지. 만약 지도를 그릴 자신이 없다면, 관광안내소에서 구한 지도를 그대로 오려서 문화재 지도를 만들렴.

•〈경주의 문화재지도 만들기〉는 '어린이를 위한 체험학습 미운돌멩이'에서 제공해 주었습니다.

정답

여기서 잠깐!

14쪽

1. ①은 일 년의 달 수야. 몇 단이니? (12)
2. ①과 ②를 다하면 일 년 (24) 절기야.
3. ③은 신라 (27) 대 선덕여왕을 상징해.
4. ③과 ④를 더하면 동양의 기본 별자리수인 (28)이지.
5. ③과 ④, ⑤를 더하면 음력 한 달 날 수인 (29)야.
6. 첨성대에 쓰인 361개의 돌은 음력 (1년) 날 수란다.

24쪽 2번

35쪽 4번 (정확히 182센티미터란다)

36쪽 3번

39쪽 2번

41쪽 1. 여래 2. 보살

나는 경주역사유적지구 박사!

❶ 유적지의 이름을 써 보자.

경주역사유적지구를 잘 둘러본 친구라면 단 번에 사진만 보고도 이곳이 무엇인지 알 수 있을 거야. 사진을 잘 보고, 각 유적지의 이름을 써 보자.

안압지

첨성대

천마총

태종무열왕릉(비)

분황사

포석정

탑골 부처바위

불국사

❷ 빈칸을 채워 보자.

다음은 신라 천 년의 도읍지, 경주에 대한 설명이란다. 잘 읽고 빈 칸을 채워 보자.

(1) 경주는 신라의 역사와 문화를 고스란히 담고 있지. 한 지역으로는 다양하고 많은 유적지가 있어 그 점을 평가 받아 유네스코의 (세계문화유산)으로 등재되었다.

(2) 경주는 (월성) 지구, (대릉원) 지구, (황룡사) 지구, (남산) 지구, (산성) 지구. 이렇게 다섯 지구로 구분되어 지정받았다.

❸ 어떤 곳이 도읍지로 적당할까?

경주는 고대 왕국의 도읍지로 아주 적당한 곳이었어. 왕경도를 보면서 도읍지가 갖춰야 할 조건에 대해 친구들이 대화를 나누고 있네. 각각 어떤 조건인지 괄호에 알맞은 말을 써 보자.

· 넓은 (들)과 (하천)이 있어.
· (산)으로 둘러 싸여 있네.
· 도읍지에 사는 백성들의 (생활)이 편리하겠다.
· (적의 침입)을 쉽게 막을 수 있는 곳이지.

❹ 자신의 의견을 써 보자.

경주는 우리 조상들의 숨결이 담겨 있고, 신라의 역사를 알 수 있는 귀중한 유적지이지. 다음은 경주 유적지에 관한 신문 기사 일부를 발췌한 것인데, 잘 읽고 경주를 어떻게 보존해야 할지 방법을 생각해 보고 자신의 의견을 써보자.

예) 옛 도읍지는 개발을 제한한다.

예) 유물이 발견되거나 유적지로 확인되면 나라에서 그 지역을 구입해 관리한다.

초등학교 교과서와 관련된 학년별 현장 체험학습 추천 장소

1학년 1학기 (21곳)	1학년 2학기 (18곳)	2학년 1학기 (21곳)	2학년 2학기 (25곳)	3학년 1학기 (31곳)	3학년 2학기 (37곳)
철도박물관	농촌 체험	소방서와 경찰서	소방서와 경찰서	경희대자연사박물관	IT월드(과천정보나라)
소방서와 경찰서	광릉	서울대공원 동물원	서울대공원 동물원	광릉수목원	강원도
시민안전체험관	홍릉 산림과학관	농촌 체험	강릉단오제	국립민속박물관	경희대자연사박물관
천마산	소방서와 경찰서	천마산	천마산	국립서울과학관	광릉수목원
서울대공원 동물원	월드컵공원	남산골 한옥마을	월드컵공원	국립중앙박물관	국립경주박물관
농촌 체험	시민안전체험관	한국민속촌	남산골 한옥마을	기상청	국립고궁박물관
코엑스 아쿠아리움	서울대공원 동물원	국립서울과학관	한국민속촌	서대문자연사박물관	국립국악박물관
선유도공원	우포늪	서울숲	농촌 체험	선유도공원	국립부여박물관
양재천	철새	갯벌	서울숲	시장 체험	국립서울과학관
한강	코엑스 아쿠아리움	양재천	양재천	신문박물관	남산
에버랜드	짚풀생활사박물관	동굴	선유도공원	경상북도	남산골 한옥마을
서울숲	국악박물관	고성 공룡박물관	불국사와 석굴암	양재천	롯데월드민속박물관
갯벌	천문대	코엑스 아쿠아리움	국립중앙박물관	경기도	국립민속박물관
고성 공룡박물관	자연생태박물관	옹기민속박물관	국립민속박물관	이화여대자연사박물관	삼성어린이박물관
서대문자연사박물관	세종문화회관	기상청	전쟁기념관	전쟁기념관	서대문자연사박물관
옹기민속박물관	예술의 전당	시장 체험	판소리	천마산	선유도공원
어린이 교통공원	어린이대공원	에버랜드	DMZ	한강	소방서와 경찰서
어린이 도서관	서울놀이마당	경복궁	시장 체험	화폐금융박물관	시민안전체험관
서울대공원		강릉단오제	광릉	호림박물관	경상북도
남산자연공원		몽촌역사관	홍릉 산림과학관	홍릉 산림과학관	월드컵공원
삼성어린이박물관		국립현대미술관	국립현충원	우포늪	육군사관학교
			국립419묘지	소나무 극장	해군사관학교
			지구촌민속박물관	예지원	공군사관학교
			우정박물관	자운서원	철도박물관
			한국통신박물관	서울타워	이화여대자연사박물관
				국립중앙과학관	제주도
				엑스포과학공원	천마산
				올림픽공원	천문대
				전라남도	태백석탄박물관
				경상남도	판소리박물관
				허준박물관	한국민속촌
					임진각
					오두산 통일전망대
					한국천문연구원
					종이미술박물관
					짚풀생활사박물관
					토탈야외미술관

4학년 1학기 (34곳)	4학년 2학기 (56곳)	5학년 1학기 (35곳)	5학년 2학기 (51곳)	6학년 1학기 (36곳)	6학년 2학기 (39곳)
강화도	IT월드(과천정보나라)	갯벌	IT월드(과천정보나라)	경기도박물관	IT월드(과천정보나라)
갯벌	강화도	광릉수목원	강원도	경복궁	KBS 방송국
경희대자연사박물관	경기도박물관	국립민속박물관	경기도박물관	덕수궁과 정동	경기도박물관
광릉수목원	경복궁 / 경상북도	국립중앙박물관	경복궁	경상북도	경복궁
국립서울과학관	경주역사유적지구	기상청	덕수궁과 정동	고성 공룡박물관	경희대자연사박물관
기상청	경희대자연사박물관	남산골 한옥마을	경상북도	국립민속박물관	광릉수목원
농촌 체험	고창, 화순, 강화 고인돌유적	농업박물관	경희대자연사박물관	국립서울과학관	국립민속박물관
서대문자연사박물관	전라북도	농촌 체험	고인쇄박물관	국립중앙박물관	국립중앙박물관
서대문형무소역사관	고성공룡박물관	서울국립과학관	충청도	농업박물관	국회의사당
서울역사박물관	충청도	서울대공원 동물원	광릉수목원	롯데월드민속박물관	기상청
소방서와 경찰서	국립경주박물관	서울숲	국립공주박물관	몽촌토성과 풍납토성	남산
수원화성	국립민속박물관	서울시청	국립경주박물관	민주화현장	남산골 한옥마을
시장 체험	국립부여박물관	서울역사박물관	국립고궁박물관	백범기념관	대법원
경상북도	국립서울과학관	시민안전체험관	국립민속박물관	서대문자연사박물관	대학로
양재천	국립중앙박물관	경상북도	국립서울과학관	서대문형무소 역사관	민주화현장
옹기민속박물관	국립국악박물관 / 남산	양재천	국립중앙박물관	서울역사박물관	백범기념관
월드컵공원	남산골 한옥마을	강원도	남산골 한옥마을	조선의 왕릉	아인스월드
철도박물관	농업박물관 / 대법원	월드컵공원	농업박물관	성균관	서대문자연사박물관
이화여대자연사박물관	대학로	유명산	롯데월드민속박물관	시민안전체험관	국립서울과학관
천마산	롯데월드민속박물관	제주도	충청도	경상북도	서울숲
천문대	몽촌토성과 풍납토성	짚풀생활사박물관	서대문자연사박물관	암사동 선사주거지	신문박물관
철새	불국사와 석굴암	천마산	성균관	운현궁과 인사동	양재천
홍릉 산림과학관	서대문자연사박물관	한강	세종대왕기념관	전쟁기념관	월드컵공원
화폐금융박물관	서울대공원 동물원	한국민속촌	수원화성	천문대	육군사관학교
선유도공원	서울숲	호림박물관	시민안전체험관	철새	이화여대자연사박물관
독립공원	서울역사박물관	홍릉 산림과학관	시장 체험 / 신문박물관	청계천	중남미박물관
탑골공원	조선의 왕릉	하회마을	경기도	짚풀생활사박물관	짚풀생활사박물관
신문박물관	세종대왕기념관	대법원	강원도	태백석탄박물관	창덕궁
서울시의회	수원화성	김치박물관	경상북도	해인사 고려대장경과 장경판전	천문대
선거관리위원회	승정원 일기 / 양재천	난지하수처리사업소	옹기민속박물관	호림박물관	우포늪
소양댐	옹기민속박물관	농촌, 어촌, 산촌 마을	운현궁과 인사동	유니세프 한국위원회	판소리박물관
서남하수처리사업소	월드컵공원	들꽃수목원	육군사관학교	무령왕릉	한강
중랑구재활용센터	육군사관학교	정보나라	이화여대자연사박물관	현충사	홍릉 산림과학관
중랑하수처리사업소	철도박물관	드림랜드	전라북도	덕포진교육박물관	화폐금융박물관
	이화여대자연사박물관	국립극장	전쟁박물관	서울대학교 의학박물관	훈민정음
	조선왕조실록 / 종묘		창경궁 / 천마산	상수허브랜드	상수도연구소
	종묘제례		천문대		한국자원공사
	창경궁 / 창덕궁		태백석탄박물관		동대문소방서
	천문대 / 청계천		한강		중앙119구조대
	태백석탄박물관		한국민속촌		
	판소리 / 한강		해인사 고려대장경과 장경판전		
	한국민속촌		화폐금융박물관		
	해인사 고려대장경과 장경판전		중남미문화원		
	호림박물관		첨성대		
	화폐금융박물관		절두산순교유적지		
	훈민정음		천도교 중앙대교장		
	온양민속박물관		한국에너지기술연구원		
	아인스월드		한국자수박물관		
			초전섬유퀼트박물관